第7次
改訂版

地方公務員法
よく出る問題
108問

頻出テーマを徹底分析／実戦力・問題対応力養成

公法問題研究会編

公職研

はじめに

　本書『地方公務員法よく出る問題108問』は、平成22年の初版発刊から令和元年に10年目の節目を迎え、その後第5次・第6次と改訂を重ねて今回第7次の改訂版を発刊することとなりました。地方自治体の昇任試験を受験する多くの皆様が支え、育てていただいたお陰です。ここに、改めて本書をご購読くださった方々に心から感謝申し上げます。私どもにとっても、長い間、多くの皆様の昇任試験の受験・合格のお役に立ってこられたことを、嬉しく、誇りに思っています。この感謝と喜びと誇りを糧に、一層多くの昇任試験受験者の皆様のお役に立てるよう、精進してまいろうと決意しております。

　第7次改訂版におきましては、新たに、姉妹編である『昇任試験必携　地方公務員法のポイント整理とチェック』（公職研）の対応ページを付記するようにしました（末尾の枠囲い参照）。姉妹編はポイントを絞り込んで解説するという性格の本ですので、全ての問題・選択肢に対応ページがあるとは限りませんが、本書の問題を解いた際に姉妹編のページもご覧いただくことで、関連する必須の知識の整理をしていただきたいと考えています。

　また、第6次改訂版発刊以降の地方公務員法の改正（令和5年4月1日に施行される事項）を取り込むとともに、読者の皆様からお寄せいただいたご意見を反映させるなど、問題・解説の記述のブラッシュアップも行っております。

　令和5年4月1日施行分の改正は、国家公務員に準じた定年の引上げに伴う、いわゆる役職定年制の導入及び再任用制度の見直しです。実務への影響の大きい事項で、関連ページを一新して対応しています。

　最後になりますが、本書が、多くの皆様に有効に活用いただき、昇任試験の合格を勝ち取っていただくよう、祈っております。

　　令和6年2月

　　　　　　　　　　　　　　　　　　　　　　　公法問題研究会

【本書の基本的考え方】

① 　実際に出題された昇任試験問題を分析し、繰り返し出題される分野及びテーマを把握し、「試験によく出る問題」を集める。その際、問題の肢一つひとつを高頻出なものとすることで、短い時間で効率的に勉強を進めることができるようにする。
② 　行政実例や判例に沿った運用に関する問題が出題されている項目については、その行政実例や判例の知識も身につくようにする。
③ 　問題ごとに「難易度」を表示することで、勉強の深度をご自身で知ることができるように工夫する。
④ 　姉妹編『昇任試験必携　地方公務員法のポイント整理とチェック』の対応ページを右頁の上部に付記し、「解説」でカバーしきれない関連知識の整理に役立てる。

●目次

■福祉及び利益の保護

《問題1》————一般職・特別職①

難易度 ★★

　一般職又は特別職に関する記述として、正しいものはどれか。

1　特別職に属する地方公務員の範囲は、地方公務員法に例示として挙げられている。

2　特別職に属する地方公務員には、一般職と異なり地方公務員法の規定が一切適用されない。

3　地方公務員は、一般職も特別職も、ともに終身職として採用される。

4　住民の公選により就任する知事は特別職であるが、住民の公選によらずに就任する監査委員は一般職に区分される。

5　特別職である者に一般職である者の行う事務取扱いを兼ねて行わせる場合、当該職員は一般職に属する地方公務員として、地方公務員法の適用を受ける。

●解説

　一般職と特別職とを区別する基準は、おおむね、①指揮命令関係があるか、②専務職であるか、③終身職であるか、④成績主義の適用があるか、⑤政治職であるか、などである。

1　誤り。特別職に属する地方公務員の範囲は、地方公務員法に限定列挙されており、一般職は、特別職に属する職以外の一切の職とされている（法3条2項・3項）。

2　誤り。特別職は、法律に特別の定めがある場合を除き、地方公務員法を適用しない（法4条2項）。なお、特別の定めとして、人事委員会又は公平委員会の委員及び都道府県公安委員会の委員には、地方公務員法の一部が準用される（法9条の2第12項、警察法42条1項）。

3　誤り。一般職は、通常、終身職とされているが、特別職は、通常、一定の任期を限って採用される。

4　誤り。監査委員は、普通地方公共団体の長が、議会の同意を得て、選任する（地方自治法196条1項）こととされているが、このように「議会の選挙、議決若しくは同意」によって就任する職も特別職とされている（法3条3項1号）。

5　正しい。例えば、特別職である人事委員会の委員が一般職に属する事務局長の職を兼ねた場合、事務局長の地位について地方公務員法の適用を受ける（行実昭43.10.2）。

正解　5

＊　「P&C 参照ページ」は、選択肢の内容に関する『昇任試験必携　地方公務員法のポイント整理とチェック』の対応ページを示しています。

《問題2》―――一般職・特別職②

難易度　★

　一般職又は特別職に関する記述として、正しいものはどれか。

1　特定地方独立行政法人は、地方公共団体が設立するものであるので、その役員は一般職に属する地方公務員である。

2　国の統計調査事務に従事する統計調査員のうち、地方公共団体の長が任命するものは、一般職に属する地方公務員である。

3　民生委員は、政治的中立性が要求されるので、一般職に属する地方公務員である。

4　人事委員会の委員は特別職に属するため、委員長が事務局長の職を兼ねた場合であっても、地方公務員法の適用を受けることはない。

5　特別職には、その就任について地方公共団体の議会の同意を要する職があり、その例として副知事、副市町村長がある。

●解説

　特別職（非専務職）は、生活を維持するために公務に就くのではなく、一定の学識、知識、経験、技能などに基づいて、地方公共団体の業務に参画する者の職である。

1　誤り。特別職である（法3条3項6号）。なお、特定地方独法の「職員」は、一般職である。

2　誤り。国の統計調査員のうち、地方公共団体の長が任命するものは特別職に属する地方公務員である（行実昭35.9.19）。

3　誤り。民生委員は非常勤の特別職の地方公務員である（行実昭26.3.14、昭26.8.27）。

4　誤り。人事委員会の委員長が事務局長の職を兼ねた場合（法12条2項）は、一般職に関する地方公務員法の適用をも受ける者である（行実昭26.2.24）。

5　正しい。就任について公選又は地方公共団体の議会の選挙、議決若しくは同意によることを必要とする職は、特別職の一類型である（法3条3項1号）。副知事及び副市町村長は、議会の同意を要する特別職である（地方自治法162条）。

正解　5

《問題3》――――一般職・特別職③

難易度 ★★

　一般職又は特別職に関する記述として、正しいものはどれか。

1　特別職には、その就任について人事委員会又は公平委員会の承認を必要とする職があり、例として臨時的任用職員が挙げられる。

2　警察職員は、国民の生命・財産を守るという職務の特殊性に鑑みて、消防職員と同様に特別職とされている。

3　定年前再任用短時間勤務職員は、生活を維持するために公務に就いているわけではないので、特別職とされている。

4　非常勤の学校医は、専門的な知識経験等を有し、これに基づき診断を行うので、特別職とされている。

5　公民館長は、自らの判断と責任において、公民館の管理・運営に関する事務を管理・執行する権限を有するので、特別職とされている。

●解説

　特別職は、地方公務員法3条に列記されているもののみであり、法に列挙されていないものは全て一般職に属する地方公務員とされている。

1　誤り。一定期間に限り任用する臨時的任用職員（法22条の3）は、一般職に属する地方公務員である（行実昭26.3.13）。

2　誤り。警察職員や消防職員は、一般職に属する地方公務員である。

3　誤り。一般職に属する地方公務員である。

4　正しい。臨時又は非常勤の学校医は、特別職に属する地方公務員である（行実昭26.2.6）。

5　誤り。公民館長は、その職の内容からみて、常勤のものは一般職、非常勤のものは特別職に属する地方公務員であるとされてきたが（行実昭26.3.1）、令和2年4月から、非常勤のものは会計年度任用職員（一般職。法22条の2）と整理されることとなり、常勤・非常勤を問わず一般職となった。

正解　4

《問題 4 》————一般職・特別職④

難易度　★

　一般職又は特別職に関する記述として、正しいものはどれか。

1　臨時又は非常勤の顧問、参与、調査員、嘱託員は、全て、地方公務員法に定める特別職である。

2　警視正以上の階級にある警察官は、地方公務員法に定める特別職である。

3　教育長は、教育委員と教育長の両方の身分を有する特別な職であって、特別職と一般職の両方の身分を有する。

4　地方公共団体の長の秘書の業務を行う者の職で条例で指定するものは、特別職である。

5　単純な労務に雇用される者は、地方公務員法に定める特別職である。

●解説

　特別職を限定列挙している地方公務員法3条3項は、その種類等に着目して具体的な職ごとに分類するなどして整理し、正確に暗記しておくこと。

1　誤り。令和2年4月から、これらの職が特別職となるのは、①専門的な知識経験又は識見が必要で、②それに基づき、助言、調査、診断その他省令で定める事務を行う職であるときに限定されている（法3条3項3号）。

2　誤り。警視正以上の階級にある警察官は、一般職の国家公務員である（警察法56条1項）。

3　誤り。平成27年4月1日に施行された改正後の地方教育行政の組織及び運営に関する法律により、教育委員長と教育長の一本化が図られ、教育長は、地方公共団体の長が、議会の同意を得て任免する、常勤の特別職の身分のみを有することとなった（法3条3項1号、地方教育行政の組織及び運営に関する法律4条1項）。

4　正しい。法3条3項4号。

5　誤り。単純労務職員は、一般職の地方公務員である。

正解　4

《問題5》————一般職・特別職⑤

難易度★★★

　一般職又は特別職に関する記述について、正しいものはどれか。

1　特別職は、原則として、定年までの勤務を想定して任用され、分限処分や懲戒処分の事由に該当しない限り、その意に反して離職させられることはない。

2　特別職は、受験成績や勤務成績などの能力実証に基づいて任用される職であり、地方公務員法の成績主義の原則が全面的に適用される。

3　特別職は、身分取扱いを統一的に規律する法令が制定されていないため、個々の職に関して法律に特別の定めがある場合を除き、地方公務員法の適用を受けない。

4　特別職には営利企業等の従事制限に関する規定の適用がないので、地方公共団体の議会の議員は、当該地方公共団体に対し請負をする会社の役員となることが認められている。

5　特別職は、原則として、地方公務員法に定める服務の根本基準が適用されないが、都道府県公安委員会の委員のみは、強い身分保障を要することから、例外的に法が準用される。

●解説

　地方公務員法には、特別職の身分取扱いについて一般的な規定は存在しないが、主に下記の点に注意。

1　誤り。特別職に定める地方公務員は、通常、任期を定めて任用される。

2　誤り。一般職は成績主義の原則が適用されるが、特別職は選挙、議会の議決などに基づいて任用されるなど、一般職のような成績主義に基づいた任用はされない。

3　正しい。特別職には、法律に特別の定めがある場合を除き、地方公務員法の規定は適用しない（法4条2項）。

4　誤り。地方公共団体の議会の議員は、当該地方公共団体に対し請負をする会社の役員になることはできない（地方自治法92条の2）。

5　誤り。人事委員会の常勤の委員等にも準用されている（法9条の2第12項）。なお、公安委員会の委員は、警察法42条1項に基づいて準用されている。

正解　3

《問題 6》——地方公共団体の任命権者①

難易度 ★★

任命権者に関する記述として、正しいものはどれか。

---

1 任命権者の種類は地方公務員法に限定列挙されており、同法に明示された者以外は任命権者になることはできない。

2 県費負担教職員の任命権は、その給与を負担する都道府県教育委員会ではなく、市町村教育委員会が有する。

3 地方公共団体の長はその補助機関である職員の任命権者であるが、専門委員の任命権者ではないので、当該委員に対する任命権を有しない。

4 人事委員会事務局の職員の任命権者は、人事委員会である。

5 地方公営企業管理者及びその補助機関の任命権者は、地方公共団体の長である。

●解説

　我が国の法制においては、過度な権力集中を防ぐことと管理範囲を適正規模に収めることを目的として、職員の任命権者を複数の執行機関等に分散させている。

　個々の任命権者については、地方公務員法、地方自治法、地方公営企業法、地方教育行政の組織及び運営に関する法律、警察法などの根拠法規の条文を一通り確認しておくこと。

1　誤り。地方公務員法で例示列挙しており、法令等に基づいて任命権者が存在する（法6条1項）。

2　誤り（地方教育行政の組織及び運営に関する法律37条）。県費負担教職員の任命権は、都道府県教育委員会が有する。なお、従来は、政令指定都市の県費負担教職員については当該政令指定都市が任命権を有するという特例が定められていたが、現在、政令指定都市においては県費負担教職員の制度そのものが廃止されている。

3　誤り。地方公共団体の長は、専門委員に対しても任命権を有する（地方自治法174条2項）。

4　正しい。法6条1項、12条7項。

5　誤り。地方公営企業管理者は地方公共団体の長が任命し、地方公営企業管理者の補助職員は地方公営企業管理者が任命する（地方公営企業法7条の2第1項、15条1項）。

正解　4

《問題7》————地方公共団体の任命権者②

難易度　★

任命権者に関する記述として、誤っているものはどれか。

1　教育委員会の事務局職員の任命権者は、教育委員会である。

2　監査事務局の職員の任命権者は、代表監査委員である。

3　都道府県労働委員会の事務局職員の任命権者は、都道府県労働委員会である。

4　議会の事務局職員の任命権者は、議会の議長である。

5　都道府県警察の警視正以上の階級にある者の任命権者は、国家公安委員会である。

●解説

　行政委員会の中でも、都道府県労働委員会と収用委員会の事務局職員は、都道府県知事が任命権者となる。その他の委員会（委員）は、それぞれの委員会（委員）が任命権者となる（監査委員の事務局は代表監査委員）。

1　正しい。地方教育行政の組織及び運営に関する法律18条7項。

2　正しい。地方自治法200条5項。

3　誤り。都道府県労働委員会の事務局職員の任命権者は、都道府県知事である。行政委員会の中でも、都道府県労働委員会と収用委員会の事務局職員は、都道府県知事が任命権者となる（労働組合法19条の12第6項により準用される同法19条の11第1項、土地収用法58条2項）。

4　正しい。地方自治法138条5項。

5　正しい。警察法55条3項（警視総監については同法49条1項、警察本部長については同法50条1項）。なお、警視以下の都道府県警察の警察官の任命権者は、警視総監又は道府県警本部長である。

正解　3

《問題8》——地方公共団体の任命権者③

難易度 ★★

任命権者に関する記述として、正しいものはどれか。

1 　任命権者は、職員の任命に関する権限を他の者に委任することができるが、職員の休職、免職及び懲戒に関する権限を委任することはできない。

2 　任命権者は、一部の職員を除き、職員の任用等の人事行政の運営状況を、毎年、地方公共団体の長に対して報告しなければならない。

3 　任命権者から職員の任命に関する権限の委任を受けた者は、必要があれば、その権限を他の者に委任することができる。

4 　任命権者が職員の任命に関する権限の一部を委任することができるのは、補助機関である上級の地方公務員の一般職に限定される。

5 　任命権は、任命権者に専属する権限であるので、その権限の一部を他の者に委任することができない。

●解説

　任命権者の権限は、その一部を、補助機関たる上級の地方公務員に委任することが可能である。補助機関とは当該任命権者の指揮監督を受ける地方公務員をいい、一般職・特別職を問わない。

1　誤り。法には肢のような制限はなく、休職、免職及び懲戒に関する権限も委任することができる（法6条2項）。

2　正しい。法58条の2第1項。

3　誤り。任命権の委任を受けた者が、その権限を他の者に更に委任することはできない（行実昭27.1.25）。

4　誤り。上級の地方公務員には、一般職に限らず特別職も含まれる。なお、どのような者が上級の地方公務員に当たるかについては、地方公共団体の実態と社会通念とによって相対的に判断すべきであるとされる。

5　誤り。任命権者は、法6条1項に規定する権限の一部をその補助機関たる上級の地方公務員に委任することができる（同条2項）。なお、任命権者から職員の任命に関する権限の委任を受けた者は、受任者の名と責任において権限を行使する。

正解　2

《問題9》————地方公共団体の任命権者④

難易度　★★

任命権者に関する記述として、正しいものはどれか。

1　人事委員会を置かない地方公共団体においては、任命権者は、職員の任命の方法についての一般的基準を定めることができる。

2　人事委員会を置かない地方公共団体においては、任命権者は、職員の勤務条件に関する措置の要求を審査し、その判定に基づいて必要な勧告をすることができる。

3　人事委員会を置かない地方公共団体においては、任命権者が、職員の採用及び昇任について競争試験を行わなければならないとされている。

4　人事委員会を置かない地方公共団体においては、任命権者が、毎年少なくとも年に1回、給料表が適当であるかどうかについて議会及び長に報告することとされている。

5　人事委員会を置かない地方公共団体においては、原則として、地方公共団体の長が、職員の勤務条件に関する労働基準監督機関の職権を行うものとされている。

●解説

人事委員会、公平委員会の権限は、条文に当たって整理しておくこと。そのうえで、人事委員会を置かない地方公共団体における任命権者の権限を整理すると、効率的に覚えることができる。

1 誤り。職員の任命方法についての一般的基準を定めることができるのは人事委員会及び競争試験等を行う公平委員会に認められた権限であり（法17条2項）、任命権者にはこのような権限は認められていない。

2 誤り。勤務条件に関する措置の要求を審査し、必要な勧告を行うのは公平委員会である（法47条）。

3 誤り。人事委員会を置かない地方公共団体においても、公平委員会で競争試験及び試験を行うことができるとされており（法9条1項）、必ずしも任命権者が行うこととはされていない。

4 誤り。人事委員会に関する説明である（法26条前段）。人事委員会を置かない地方公共団体では、情勢適応の原則（法14条）に従って適切な措置を講ずることとなる。

5 正しい。法58条5項。

正解 5

《問題10》──── 人事委員会・公平委員会①

難易度 ★

　人事委員会・公平委員会の設置に関する記述として、正しいものはどれか。

1　人事委員会は、都道府県においては必置の機関であるが、政令指定都市及びそれ以外の市町村においては任意で設置することができる機関である。

2　公平委員会は、人口15万未満の市、町及び村においては必置の機関であるが、議会の議決を経て定める規約により、他の地方公共団体と共同して設置することができる。

3　人事委員会は、政令指定都市を除く市町村においては単独で設置することができないが、一部事務組合においては設置することができる。

4　人事委員会は、都道府県においては必置であるが、政令指定都市においては、人事委員会又は公平委員会のいずれかを置くものとされている。

5　人事委員会は、複数の地方公共団体が共同して設置することができるが、公平委員会は、共同して設置することができない。

●解説

　都道府県及び政令指定都市は、人事委員会を置く。政令指定都市以外の市で人口15万以上のもの及び特別区は、人事委員会又は公平委員会のいずれかを置く。人口15万未満の市、町、村及び地方公共団体の組合は、公平委員会を置く。

1　誤り。人事委員会は、政令指定都市においても必置の機関である（法7条1項）。

2　正しい。公平委員会を置く地方公共団体は、議会の議決を経て定める規約により、公平委員会を置く他の地方公共団体と共同して公平委員会を置くことができる（法7条4項）。

3　誤り。人口15万以上の市においては、人事委員会又は公平委員会を置くものとされている（法7条2項）。また、一部事務組合においては、公平委員会を置くものとされている（同条3項）。

4　誤り。人事委員会は、政令指定都市においては必置の機関である（法7条1項）。

5　誤り。公平委員会を置く地方公共団体は、議会の議決を経て定める規約により、公平委員会を置く他の地方公共団体と共同して公平委員会を置くことができる（法7条4項）。

正解　2

《問題11》————人事委員会・公平委員会②

難易度　★★

人事委員会・公平委員会の設置及びその委員に関する記述として、正しいものはどれか。

1　人事委員会は、都道府県、政令指定都市においては必置の機関であり、地方公務員法には、他の地方公共団体と共同して設置することもできる旨が規定されている。

2　政令指定都市においては、人事委員会を置くものとされている。

3　人事委員会の共同設置は、都道府県においては他の都道府県と行うことはできないが、政令指定都市においては他の政令指定都市と行うことができる。

4　政令指定都市以外の全ての市においては、単独で人事委員会を設置することはできるが、共同して公平委員会を設置することはできない。

5　委員は、地方公共団体の議会の議員及び当該地方公共団体の全ての地方公務員の職を兼ねることができない。

●解説

　公平委員会を置く地方公共団体は、議会の議決を経て定める規約により、他の地方公共団体と共同して公平委員会を置くことや、他の地方公共団体の人事委員会に公平委員会の事務を委託することができる。

1　誤り。前段は正しい（法7条1項）。後段については、地方公務員法には、人事委員会を置く地方公共団体が他の地方公共団体と共同して人事委員会を設置できるとする規定はない。

2　正しい。政令指定都市においては、人事委員会を置くことが定められている（法7条1項）。

3　誤り。人事委員会の共同設置は、都道府県同士あるいは政令指定都市同士でなければならないといった制限はない（地方自治法252条の7）。

4　誤り。政令指定都市以外の市では、人口15万以上の市は人事委員会又は公平委員会を設置することができる（法7条2項）。後段については、上述の解説を参照のこと。

5　誤り。執行機関の付属機関の委員等については、兼職可能であり、「全ての地方公務員の職」ではない（法9条の2第9項）。

正解　2

《問題12》—— 人事委員会・公平委員会③

難易度 ★★

人事委員会・公平委員会の委員に関する記述について、正しいものはどれか。

1 人事委員会の委員は、人格が高潔で、地方自治の本旨に理解があり、かつ、人事行政に関し見識を有する者の中から、議会が選挙によって選任する。

2 人事委員会は原則として委員全員が出席しなければ会議を開くことができず、また、委員会の会議で決定すべき事項を、会議を招集することなく持ち回りによって決定することはできない。

3 人事委員会又は公平委員会の委員のうち、2人以上が同一の政党に属することとなった場合においては、これらの者のうち政党所属関係に異動のあった者がその職を失う。

4 地方公共団体の長は、委員に職務上の義務違反があった場合、議会の同意を得てその委員を罷免できるが、その際、議会の常任委員会又は特別委員会で公聴会を開くまでの必要はない。

5 非常勤の人事委員会の委員は、地方公務員法に規定する一般職の服務のうち、職務専念義務を定めた規定以外の全ての服務の規定が準用される。

●解説

　人事委員会の委員の欠格条項、失職事項、兼職禁止の取扱いについては、それぞれ地方公務員法の条文（16条及び9条の2）に当たって、その内容を整理しておくこと。

1　誤り。人事委員会の委員は、肢に記載の者のうちから、議会の同意を得て、地方公共団体の長が選任する（法9条の2第2項）。

2　正しい。法11条1項、行実昭34.3.27。なお、法11条2項参照。

3　誤り。委員のうち2人以上が同一の政党に属することとなった場合、これらの者のうち1人を除く他の者を地方公共団体の長が議会の同意を得て罷免する（法9条の2第5項本文）。失職ではない。政党所属関係に異動のなかった者は罷免できないことに注意（同項ただし書）。

4　誤り。議会の同意を得る場合に、肢の委員会の公聴会の開催も必要である（法9条の2第6項）。

5　誤り。営利企業への従事等の制限（法38条）も準用されない（法9条の2第12項）。

正解　2

《問題13》————人事委員会・公平委員会④

難易度★★★

　人事委員会・公平委員会の権限の委任に関する記述として、正しいものはどれか。

1　人事委員会は、職員に対する不利益な処分についての審査請求に対する裁決をすることを、委員又は事務局長に委任することができる。

2　公平委員会を置く地方公共団体は、勤務条件に関する措置要求の審査などの事務を、他の地方公共団体の公平委員会に委託することができる。

3　人事委員会に属する権限は、職員の競争試験及び選考並びにこれらに関する事務を行う権限を除き、全てを当該地方公共団体の機関等に委任することが可能である。

4　人事委員会は、必要があると認めるときは、勤務条件に関する措置の要求の審査に関する事務の一部を人事委員会の委員に委任することができる。

5　公平委員会を設置する地方公共団体は、公平委員会の事務を他の地方公共団体の人事委員会に対して委託することができる。

●解説

　人事委員会が委任することができる事務は列挙されており、全てを委任することができるわけではない。特に、勤務条件に関する措置の要求の審査及び不利益処分に関する審査請求の審査についての取扱いをよく覚えておくこと。

1　誤り。審査請求に対する審査に関する事務の一部は委託できるが、裁決は委任することができない（法50条2項）。

2　誤り。公平委員会がその事務を委託できるのは、他の地方公共団体の公平委員会に対してでなく、人事委員会に対してである（法7条4項）。

3　誤り。勤務条件の措置の要求の審査に関する権限、不利益処分の審査請求の審査に関する権限、人事委員会の規則制定権などは委任できない（法8条3項）。　一方で、肢の「職員の競争試験及び選考…を行う権限」は、委任が可能である。

4　誤り。不利益処分に関する審査請求の審査の事務の一部については委任することができる（法50条2項）が、勤務条件の措置の要求の審査に関する権限は特例規定がないので委任できない。

5　正しい。法7条4項。

正解　5

《問題14》———人事委員会・公平委員会⑤

難易度 ★★

　人事委員会の権限に関する記述として、正しいものはどれか。

1　職員の採用における競争試験の他の地方公共団体との共同実施は、人事委員会を置く地方公共団体には認められていない。

2　人事委員会は、職員に対する給与の支払を監理する権限があるが、この監理は給与の支払のみならず、任命権者の給与決定の枠内にまで入って、個々の職員に対する昇給の妥当性についても監理することができる。

3　人事委員会は、職員の研修に関する計画の立案その他研修の方法について任命権者に勧告を行うことはできない。

4　人事委員会は、毎年少なくとも1回、給料表が適当であるかどうかについて、地方公共団体の議会及び長に同時に報告する。

5　人事委員会は、法律又は条例に基づき権限に属せしめられた事務以外でも、委員会の一般的運営について包括的な規則を定める権限がある。

●解説

　下記のほか、人事委員会において、不利益処分に関する審査請求に対する裁決を除き、審査に関する事務の一部を委員又は事務局長に委任することができる点にも注意。

1　誤り。競争試験の共同実施は、人事委員会を置く場合でも認められる（法18条ただし書）。

2　誤り。法8条1項8号。人事委員会に認められた監理の範囲は給与の支払のみについてであって、任命権者の給与決定の枠内にまで入って監理することはできない（行実昭27.9.30）。

3　誤り。人事委員会は、研修に関する計画の立案その他研修の方法について任命権者に勧告することができる（法39条4項）。

4　正しい。法26条。

5　誤り。法8条5項。人事委員会は、法律又は条例に基づき権限に属せしめられた事務以外に、委員会の一般的運営について包括的な規則を定める権限はない（行実昭26.8.15）。

正解　4

《問題15》――――人事委員会・公平委員会⑥

難易度　★★

　人事委員会の権限に関する記述として、正しいものはどれか。

1　人事委員会は、法律又は条例に基づくその権限の行使に関し必要があるときは、証人を喚問し、又は書類若しくはその写しの提出を求めることができる。

2　人事委員会は、勤務条件に関する措置の要求又は不利益な処分に対する審査請求の事務を処理する場合に限り、証人を喚問し、又は書類若しくはその写しの提出を求めることができる。

3　人事委員会は、職員の措置要求について、当該事項に関し権限を有する地方公共団体の機関に対し強制的な措置を命ずることができる。

4　人事委員会は、公務災害補償の決定に対する職員からの審査請求についての審査も行うことができる。

5　人事委員会は、審査請求を審査するときは、当事者の請求の有無にかかわりなく口頭審理を行わなければならず、任命権者から請求があったときは、これを公開して行わなければならない。

●解説

　人事委員会又は公平委員会は、必要があるときは、証人を喚問し、又は書類若しくはその写しの提出を求めることができる。

1　正しい。法8条6項。

2　誤り。法8条6項。

3　誤り。強制的な措置を命ずることができるとの規定はない。

4　誤り。地方公務員災害補償基金が行う公務災害補償に関する決定に不服のある者は、地方公務員災害補償基金審査会に対して審査請求を行うことができる（地方公務員災害補償法51条1項）。

5　誤り。人事委員会又は公平委員会は、処分を受けた職員から請求があったときは、口頭審理を行わなければならない。口頭審理は、その職員から請求があったときは、公開して行わなければならない（法50条1項）。

正解　1

《問題16》───人事委員会・公平委員会⑦

難易度 ★★

公平委員会の権限に関する記述として、正しいものはどれか。

1　公平委員会は、毎年少なくとも１回、給料表が適当であるかどうかについて、地方公共団体の議会及び長に報告する権限を有する。

2　公平委員会は、行政的権限と準司法的権限を有するが、準立法的権限は有していない。

3　公平委員会は、法律又は条例に基づく権限の行使に関し、証人を喚問する権限は有しないが、関係者から書類若しくはその写の提出を求める権限は有する。

4　公平委員会は、職員団体の登録、登録を受けた職員団体からの解散の届出の受理などの権限を有する。

5　公平委員会は、人事行政に関する事項についての調査、勤務条件等に関する研究を行い、その成果を当該地方公共団体の長に報告する権限を有する。

●解説

公平委員会は、基本的には人事行政の公平性を保障するための権限を行使する人事機関であるが、職員団体の登録に関する事務も執行する。

また、条例で定めるところにより、競争試験及び選考並びにこれらに関する事務を行うこととすることができる。

1 誤り。公平委員会には給料表に関する報告の権限はない。肢は、人事委員会の権限に関する記述である（法26条）。

2 誤り。法律又は条例に基づきその権限に属せしめられた事務に関しては、公平委員会規則を制定することができる（法8条5項）。

3 誤り。公平委員会は、証人を喚問することもできる（法8条6項）。

4 正しい。法53条。

5 誤り。公平委員会には、人事行政に関する研究や調査を行う権限は認められていない。肢は、人事委員会の権限に関する記述である（法8条1項1号、2号）。

正解 4

《問題17》────人事委員会・公平委員会⑧

難易度　★★

人事委員会・公平委員会の権限に関する記述として、正しいものはどれか。

1　証人の喚問及び書類若しくはその写の提出を要求する権限は、人事委員会は有するが、公平委員会は有しない。

2　職員の給与、勤務時間その他の勤務条件に関する措置の要求を審査し、判定し、必要な措置を執る権限は、人事委員会は有するが、公平委員会は有しない。

3　管理職員等と管理職員等以外の職員との範囲を決定する権限は、人事委員会は有するが、公平委員会は有しない。

4　登録を受けた職員団体が職員団体ではなくなったときに、当該職員団体の登録の効力を停止し、又は登録を取り消す権限は、人事委員会は有するが、公平委員会は有しない。

5　労働基準監督機関としての権限は、原則として、人事委員会は有するが、公平委員会は有せず、その権限は当該地方公共団体の長が行使する。

18、22ページ

●解説

　人事委員会、公平委員会が行使できる権限については、共通する権限、一方のみに認められている権限について、条文を確認しながら正確に覚えること。

1　誤り。人事委員会及び公平委員会ともに、法律又は条例に基づくその権限の行使に関し必要があるときは、証人を喚問し、又は書類若しくはその写の提出を求めることができる（法8条6項）。

2　誤り。人事委員会及び公平委員会ともに、職員の給与、勤務時間その他の勤務条件に関する措置の要求を審査し、判定し、必要な措置を講ずる権限を有する（法8条1項9号・2項1号、47条）。

3　誤り。人事委員会及び公平委員会ともに、管理職員等の範囲を定める権限を有する（法52条4項）。

4　誤り。人事委員会及び公平委員会ともに、登録を受けた職員団体が職員団体でなくなったとき、当該登録職員団体の登録の効力を停止し、又は取り消す権限を有する（法53条6項）。

5　正しい。法58条5項。

正解　5

《問題18》────職員に適用される基準

難易度 ★★

　地方公務員法に定める職員に適用される基準に関する記述として、正しいものはどれか。

1　平等取扱いの原則は、日本国籍を有していない者には適用されないため、外国の国籍を有する者を一般職の地方公務員に任用することはできない。

2　平等取扱いの原則に関連する合理的差別として成年被後見人及び被保佐人が欠格条項として掲げられていたが、障害者の雇用を促進する観点から、現行法では被保佐人は削られ、成年被後見人のみ残っている。

3　情勢適応の原則に基づき、人事委員会及び公平委員会は、年1回、地方公共団体が講ずべき措置について、地方公共団体の議会及び長に勧告することができる。

4　成績主義の原則に基づき、職員の任用は、地方公務員法の定めるところにより、受験成績、人事評価その他の能力の実証に基づいて行わなければならない。

5　平等取扱いの原則及び成績主義の原則の規定は、いずれも訓示規定であり、これらの規定に違反した者に対する罰則は定められていない。

●解説

　地方公務員法は、職員に適用される基準に関し、通則として、①平等取扱いの原則（法13条）及び②情勢適応の原則を定めている（法14条）。

　平等取扱いの原則は、憲法14条１項の「法の下の平等」を地方公務員法の適用関係について具体化したものである。

　情勢適応の原則は、地方公務員の場合、その労働基本権が制限されていることや、給与等の勤務条件の決定方法に制約があることから、社会の変化に対応した勤務条件が職員に保障されるよう配慮したものである。

1　誤り。確かに法13条の「国民」には外国人は含まれないため、平等取扱いの原則は日本国籍を有しない者には適用がない（そのため、受験資格に国籍要件を設けることがこの原則の「例外」となるわけではない）。しかし、外国の国籍を有することは任用の欠格条項とはなっていない。

2　誤り。令和元年12月に、被保佐人だけでなく成年被後見人についても欠格条項から削られている。

3　誤り。法14条２項は、「人事委員会は、随時、前項の規定により講ずべき措置について地方公共団体の議会及び長に勧告することができる。」と定めている。

4　正しい。法15条。

5　誤り。法60条１号、61条２号、62条。

正解　4

《問題19》——任用①

難易度　★

　地方公務員の任用の種類に関する記述として、正しいものはどれか。

1　職員の任用は、採用、昇任、降任、転任又は免職のほか、兼職やあて職などについても、地方公務員法に規定されている。

2　職員の任用には、一般的任用と臨時的任用の区別があるが、いずれも条例で定める定数の範囲内で任用を行わなければならない。

3　職員の任用は、全て条件付のものとし、その期間に能力の実証が得られたときに、正式に採用又は昇任されることとなる。

4　職員の任用は、正式任用又は臨時的任用のいずれかによることとされている。

5　職員の任用は、職員としての身分を付与する行為とこれに応じて具体的な職に就ける行為との2段階からなっている。

●解説

　職員の任用として法定されているのは、正式任用（①採用、②昇任、③降任、④転任）、臨時的任用に限られる。正式任用である限り、非常勤職員についても、①から④の任命を行うことができる。

1　誤り。地方公務員法に定められている任用は、採用、昇任、降任及び転任の４種類である（法17条１項）。

2　誤り。職員の定数は、条例で定めることとなっているが、臨時的任用のうち、臨時の職に関するものはこの限りではない（地方自治法138条６項、同法172条３項等）。

3　誤り。条件付採用期間が付されるのは採用の場合のみである（法22条）。

4　正しい。法22条の３第５項参照。

5　誤り。地方公務員法上、任用とは特定の人を特定の職に就けることとされている。すなわち、地方公共団体の職に就くことが職員の身分を取得することであり、また、職から離れることはその身分を失うことであるとして、身分と職が一体のものとして考えられている。

正解　4

《問題20》——任用②

難易度 ★★

地方公務員の任用に関する記述として、正しいものはどれか。

1 人事委員会を置く地方公共団体においては、人事委員会は、職員の任命の方法についての一般的基準を定めることができ、また、任命権者に対し個々の任用行為を指定することができる。

2 人事委員会は、他の地方公共団体の機関との協定により、当該機関と共同して競争試験を行うことができるが、当該機関に委託してこれを行うことはできない。

3 人事委員会を置く地方公共団体においては、競争試験又は選考による職員の任用については、必ず任用候補者名簿を作成しなければならない。

4 人事委員会は、採用候補者名簿に記載された者の数が人事委員会の提示すべき志望者の数よりも少ないときは、他の最も適当な採用候補者名簿に記載された者を加えて提示することができる。

5 条例定数を超える任用行為は、当然に無効とはいえず、直近の任用の機会を待って取り消すことをもって是正すれば足りる。

●解説

　任命権者は、職員に欠員が生じた場合、採用、昇任、降任、転任のいずれかひとつの方法により、職員の任命を行うことができる。人事委員会及び競争試験等を行う公平委員会は、職員の任命の方法についての一般的基準を定めることができる。

1　誤り。前段は正しい（法17条2項）が、任命権者の個々の任用を指定することや、制限することはできない。

2　誤り。人事委員会は、競争試験を他の地方公共団体の機関に委託して行うことができる（法18条）。

3　誤り。任用候補者名簿を作成するのは、競争試験による任用のときのみである（法21条1項）。

4　正しい。法21条4項。

5　誤り。任命権者は、仮に人事委員会の承認を得たとしても、当該地方公共団体の条例に定める定数を超えて職員の任用を行うことはできず、条例定数を超える任用行為は、直ちに取り消すべきである（行実昭42.10.9）。

正解　4

《問題21》————任用③

難易度　★★

　地方公務員の任用に関する記述として、正しいものはどれか。

1　任命権者は、職員の任用について、採用、昇任、降任又は転任のいずれかひとつの方法によると定められているが、これは一般職の非常勤職員には適用されない。

2　任命権者は、職員の任用について、採用、昇任、降任又は転任のいずれかひとつの方法によると定められているが、これは公営企業職員には適用されない。

3　任命権者は、職員の任用について、採用、昇任、降任又は転任のいずれかひとつの方法によると定められているが、これは臨時的任用職員には適用されない。

4　職員の任用の根本基準である成績主義の原則は、一般の行政事務に従事する職員としており、単純な労務に従事する職員には適用されない。

5　特別職は、受験成績や勤務成績などの能力実証に基づいて任用される職であり、地方公務員法の成績主義の原則の適用を受ける。

●解説

　職員の任用は、成績主義（職員の任用は、地方公務員法に定めるところにより、受験成績、人事評価その他の能力の実証に基づいて行わなければならない）の原則に基づいて行われるが、これは、一般職の職員に対して例外なく適用される。

1　誤り。一般職である限り、非常勤職員も法17条の適用を受ける。

2　誤り。一般職である限り、公営企業職員も法17条の適用を受ける（地方公営企業法39条1項）。

3　正しい。臨時的任用職員は法17条の適用を受けない。

4　誤り。単純労務職員も法15条の適用を受ける（地方公営企業等の労働関係に関する法律附則5項により準用される地方公営企業法39条1項）。

5　誤り。一般職は成績主義が全面的に適用されるが、例えば住民の選挙で就任する特別職は、成績主義が適用されるわけではない（法4条）。

正解　3

《問題22》───任用④

難易度 ★★

地方公務員法に定める任用に関する記述として、正しいものはどれか。

1 標準職務遂行能力とは、職制上の段階の標準的な職の職務を遂行する上で発揮することが求められる能力として任命権者が定めるものをいう。

2 職員の職に欠員を生じた場合においては、任命権者は、採用、昇任又は降任という3つの方法のいずれかにより、職員を任用しなければならない。

3 競争試験は、筆記試験により、若しくは口頭試問及び身体検査並びに人物性行、教育程度、経歴、適性、知能、技能、一般的知識、専門的知識及び適応性の判定の方法により、又はこれらの併用により行うことが地方公務員法に定められている。

4 採用候補者名簿には、採用試験において合格点以上を得た者の氏名を記載するが、その得点までは記載しない。

5 採用候補者名簿による職員の採用は、当該名簿に記載された者について、採用すべき者1人につき人事委員会の提示する採用試験における高得点順の志望者5人のうちから行うことが地方公務員法に定められている。

●解説

　任用の根本原則である「成績主義の原則」は、①人材の確保と育成、②人事の公正の確保を目的としており、職員の任用（採用・昇任・降任・転任）は、受験成績、人事評価その他の能力の実証に基づいて行わなければならない（法15条）。

　採用は競争試験又は選考による。いずれの場合も「標準職務遂行能力」及び「職についての適性」を有するかどうかを正確に判定することを目的とする（法20条1項、21条の2第1項）。昇任・降任・転任についても同様の定めがある（法21条の3、21条の5）。

1　正しい。法15条の2第1項5号。

2　誤り。採用、昇任、降任又は転任のいずれかの方法により職員を任命することができる（法17条1項）。

3　誤り。採用のための競争試験（採用試験）の方法について、法は、「筆記試験その他の人事委員会等が定める方法により行うものとする」と定めている（20条2項）。

4　誤り。法は、「採用候補者名簿には、採用試験において合格点以上を得た者の氏名及び得点を記載する」と定めている（21条2項）。

5　誤り。採用は、任命権者が、人事委員会の提示する採用候補者名簿に記載された者の中から行う（21条3項）。

正解　1

《問題23》————任用⑤

難易度　★★

　地方公務員の任用に関する記述として、正しいものはどれか。

1　職員の任用は、平等取扱いの原則に基づき、いかなる職についても受験資格として性別や住所地を要件とすることは許されない。

2　正式任用されていた職員が、職制若しくは定数の改廃又は予算の減少に基づいて離職した場合、当該職員が再び採用される際には、改めて採用試験に合格しなければならず、特例は認められていない。

3　昇任試験を受けることができる者の範囲は、人事委員会等の指定する職に正式に任用された者に制限されている。

4　人事委員会を置かない地方公共団体の任命権者は、職員の任用に当たっては、各々競争試験又は選考を行わなければならず、当該地方公共団体の他の任命権者と共同してこれを実施することはできない。

5　任命権者は、臨時的任用職員が、その職務を良好な成績で遂行した場合、その職員の任期が終了した後に優先的に正式任用することができる。

●解説

　人事委員会及び競争試験を実施する公平委員会は、受験資格について、職務遂行上必要な、最少かつ適当な限度の、客観的かつ画一的要件を定めることとされている（法19条）。

1　誤り。消防職員のように非常の際の緊急出動が要請される等の合理的な理由があれば、住所地を限定することもやむを得ないとされている。

2　誤り。人事委員会（人事委員会を置かない地方公共団体においては任命権者）は、地方公共団体の都合により離職した者が、再びその職に復する場合の資格要件、任用手続、任用の際の身分について必要な事項を定めることができる（法17条の2第3項）。

3　正しい。法21条の4第3項。

4　誤り。人事委員会を置かない地方公共団体の任命権者が当該地方公共団体の他の任命権者との協議により、これを共同して又はこれに委託して競争試験又は選考を行うことは差し支えない（法18条ただし書、行実昭36.6.3）。

5　誤り。臨時的任用は、正式任用に際して、いかなる優先権をも与えるものではない（法22条の3第5項）。

正解　3

《問題24》──欠格条項①

難易度 ★★

地方公務員法上の欠格条項に関する記述について、正しいものはどれか。

1　欠格条項に該当する者は、地方公共団体の職員になることはできないが、職員となっている者は、欠格条項に該当するに至ったとしても失職することはない。

2　職員が欠格条項に該当するに至った場合、分限による免職処分を行わなければならず、これにより当該職員は失職する。

3　職員は、欠格条項に該当するに至った場合、なんらの手続を要せずにその身分を失うこととされ、条例で欠格条項の一部を適用しない旨を定めることはできない。

4　欠格条項に該当する者を職員として任用した場合、その任用は当然無効であるが、当該職員はこの間の給料を返還する必要はない。

5　欠格条項に該当する者を職員として任用した場合、その任用は当然無効であり、この間のその者が行った行為はすべて無効となる。

●解説

　欠格条項違反の任用があった場合の、①採用自体、②その者の行った行為、③給料、④退職手当、⑤共済組合に対する本人掛け金、⑥異動通知の方法、の取扱いをそれぞれ確認しておくこと。

1　誤り。職員になった後においても、条例に特別の定めがある場合を除くほか、当然にその職を失う（法28条4項）。

2　誤り。条例に特別の定めがある場合を除き、当然に失職する（法28条4項）。

3　誤り。法28条4項。

4　正しい。欠格条項に該当する者を誤って採用した場合、その採用は当然に無効である。しかし、この間その者に支払われた給料については、その間労務の提供があるので返還の必要はない（行実昭41.3.31）。

5　誤り。欠格条項に該当する者を誤って採用した場合、その採用は当然に無効である。しかし、この間のその者の行った行為は、事実上の公務員の理論により有効である（行実昭41.3.31）。

正解　4

《問題25》────欠格条項②

難易度 ★★

　地方公務員法上の欠格条項に関する記述として、正しいものはどれか。

1　過去に禁錮以上の刑に処せられた者は、その執行を受けることがなくなった後であっても、地方公共団体の職員となることはできない。

2　欠格者の採用は当然無効であり、共済組合に対する本人の掛金中、長期の分は共済組合から本人に返還するが、短期の分は相殺し返還はしない。

3　日本国籍を有しない者は、欠格条項に該当する。

4　政党その他の政治団体の結成に関与した者は、欠格条項に該当する。

5　破産手続開始決定を受けた単純な労務に従事する職員は、欠格条項に該当する。

●解説

欠格条項に定められている欠格事由は、地方公務員法16条に定められている。それぞれその内容と語句の定義を確認しておくこと。

なお、「禁錮以上の刑」とは、死刑、懲役及び禁錮の刑をいう。

1 誤り。禁錮以上の刑に処せられ、その執行を終わるまで又はその執行を受けることがなくなるまでの者は、欠格条項に該当する（法16条1号）。

2 正しい。欠格者の採用は当然無効である。共済組合に対する本人の掛金中、長期の分については、共済組合から本人に返還する（相当の利子をつける）。短期の分については、医療給付があったものとして、相殺し、返還しない（行実昭41.3.31）。

3 誤り。欠格条項には該当しない。

4 誤り。政党その他の政治団体の結成に関与したこと自体は、欠格条項には該当しない。

なお、日本国憲法又はその下に成立した政府を暴力で破壊することを主張する政党その他の団体を結成し、又はこれに加入した者は、欠格条項に該当する（法16条4号）。

5 誤り。欠格条項には該当しない。

正解 2

《問題26》―――欠格条項③

難易度　★

　地方公務員法上の欠格条項に関する記述として、正しいものはどれか。

1　成年被後見人、被保佐人及び被補助人のいずれも欠格条項に該当する。

2　執行猶予付きの禁錮刑が確定した職員は、欠格条項に該当する。

3　A市において懲戒免職の処分を受けてから2年を経過しない者をB市の職員として採用することは、欠格条項に該当する。

4　日本国憲法又はその下に成立した政府を暴力で破壊することを主張する団体を結成した者は、法に定める欠格条項に該当するが、そのような団体に加入しただけの者は、法に定める欠格条項に該当しない。

5　人事委員会又は公平委員会の委員は、法第5章に規定する罪を犯し罰金刑に処せられた場合であっても、欠格条項には該当しないので、失職することはない。

●解説

　日本国憲法又はその下に成立した政府を暴力で破壊することを主張する政党その他の団体の関係者は、永久に地方公務員となることはできない（絶対的欠格者）。

1　誤り。従来、成年被後見人又は被保佐人であることを欠格条項とする規定があったが、令和元年に削られた。

2　正しい。執行猶予付きの職員は、「その執行を受けることがなくなるまでの者」に該当するため、欠格条項に該当する（法16条1号）。

3　誤り。欠格条項に該当するのは、当該地方公共団体において懲戒免職の処分を受け、当該処分の日から2年を経過しない者である（法16条2号）。

4　誤り。これらの団体に加入しただけの場合も欠格条項に該当する（法16条4号）。

5　誤り。法16条1、3、4号に該当することは欠格事項であり、これに至った場合は、失職する（法9条の2第3項・8項）。

正解　2

《問題27》———欠格条項④

難易度 ★

地方公務員法上の欠格条項に関する記述として、正しいものはどれか。

1 禁錮以上の刑に処せられその執行を終わるまでの者は、欠格条項に該当するが、刑の執行猶予中の者は、欠格条項に該当しない。

2 欠格条項に該当する者は、地方公共団体の職員になることができないが、職員となっている者が欠格条項に該当するに至ったとしても、失職することはない。

3 人事委員会又は公平委員会の委員の職にある者が、職務上知り得た秘密を漏らし、罰金刑に処せられたときは、欠格条項に該当するため、その職を失う。

4 欠格条項に該当する者は、採用試験を受験することはできないが、職員となっている者が欠格条項に該当するに至ったとしても、昇任試験を受験することはできる。

5 地方公共団体が、条例で欠格条項を新設したり、あるいは現行の欠格条項の要件を加重することは、地方公共団体の独自の判断を尊重する趣旨から認められる。

●解説

　禁錮以上の刑に処せられた者を地方公務員として公務に従事させることから排除するのは、公務に対する住民の信頼を確保することを目的としている。

1　誤り。禁錮以上の刑に処せられ、その執行を終えるまで又はその執行を受けることがなくなるまでの者は、欠格条項に該当する（法16条1号）。

2　誤り。職員は欠格条項（当該地方公共団体において懲戒免職の処分を受け、当該処分の日から2年を経過しない者を除く）に該当するに至ったときは、条例に特別の定めがある場合を除くほか、その職を失う（法28条4項）。

3　正しい。法9条の2第8項、16条3号。

4　誤り。2に同じ。

5　誤り。条例で欠格条項を新たに加えることや、加重することはできない。

正解　3

《問題28》―――条件付採用①

難易度　★

条件付採用に関する記述として、正しいものはどれか。

1　地方公共団体の全ての職員は条件付で採用されるものとされており、臨時的任用職員も条件付で採用される。

2　条件付採用期間は6箇月間とされているが、この期間は労働基本法に規定する「試の使用期間」ではない。

3　条件付採用期間は6箇月間とされているが、任命権者が特に認めた場合には、この期間は短縮することができる。

4　6箇月の条件付採用期間にある者につき、その職務遂行能力の実証が得られない場合には、人事委員会等は、条件付採用期間を1年に至るまで延長することができる。

5　条件付採用期間を経過した職員を正式に採用するためには、任命権者による新たな通知又は発令行為が必要である。

●解説

　職員の採用はすべて条件付（臨時的任用職員等を除く）と
され、6箇月間（会計年度任用職員は1箇月（法22条の2第
7項））の実地の勤務による能力の実証を経て、正式任用さ
れる。この際、別段の通知又は発令行為を要しないこととさ
れている。

1　誤り。条件付採用制度は、臨時的任用職員にあっては適
　用されない（法22条1項。法15条の2第1号で「採用」
　の定義から臨時的任用が除かれているため）。

2　誤り。条件付採用の期間は、労働基準法21条4号に規定
　する「試の使用期間」と解されている（行実昭38.11.4)。

3　誤り。条件付採用期間の延長は可能だが、短縮すること
　を認める旨の規定はない。

4　正しい。職務遂行能力の実証が得られない場合、人事委
　員会等は条件付採用の期間を1年に至るまで延長するこ
　とができる（法22条)。

5　誤り。条件付採用期間を良好な成績で遂行したとき、そ
　の終了の翌日に正式採用となるが、正式採用について、
　別段の通知又は発令行為は要しないものと解されている。

正解　4

《問題29》——条件付採用②

難易度★★★

条件付採用に関する記述として、誤っているものはどれか。

1   条件付採用期間中の職員は、正式採用職員と同一の勤労
   基本権を有しておらず、職員団体又は労働組合を結成し、
   又は加入することはできない。

2   条件付採用期間中の職員が、職務上の義務に違反し、又
   は職務を怠った場合には、これに対し懲戒処分としての
   免職をすることができる。

3   条件付採用期間中の職員は、条件付採用期間中に不利益
   処分を受けても、任命権者に対して当該処分の事由を記
   載した説明書の交付を請求することはできない。

4   条件付採用期間中の職員については、法律で定める事由
   によることなく免職を行うことができる。

5   条件付採用期間中の職員は、原則として正式採用された
   職員と同一の勤務条件が保証されているので、勤務条件
   に関する措置要求を行うことができる。

●解説

　条件付採用期間中の職員は、未だ正式採用ではないので、身分保障に関する規定が適用されない。具体的には、①任命権者は、法律又は条例に定める事由によることなく免職等を行うことができる、②条件付採用期間中の職員は不利益処分に関する不服申立てを行うことができない。

1　誤り。条件付採用期間中の職員も法52条2項に規定する職員であるので、職員団体を結成し、又はこれに加入することができる。

2　正しい。条件付採用期間中の職員に対しても、懲戒処分を行うことはできる（法29条の2参照）。

3　正しい。条件付採用期間中の職員については、不利益処分に関する説明書の交付請求（法49条1項）は適用除外とされている（法29条の2）。

4　正しい。条件付採用期間中は、法27条2項及び28条1項〜3項までの規定の適用が除外されている（法29条の2）。このため、法律・条例の定める事由によることなく、免職等が可能である。ただし、それは任命権者の純然たる自由裁量ではなく、分限事由にはそれ自体自ら限界があり、客観的に合理的な理由が存し、社会通念上相当とされるものであることを要するとされている（最判昭53.6.23）。

5　正しい。条件付採用期間中の職員も、勤務条件に関する措置要求（法46条）は可能である（法29条の2参照）。

正解　1

《問題30》──────条件付採用③

難易度 ★★

条件付採用に関する記述として、正しいものはどれか。

1 　職員の採用は全て条件付のものとされており、町村合併により新町が発足した際、旧町村の正式職員であったもので、新たに新町の職員として任命された場合であっても、条件付採用となる。

2 　条件付採用期間中の職員にも平等取扱いの原則が適用されるため、正式採用の職員と同様に、勤務成績不良等の法律又は条例に定める事由がある場合にのみ分限処分を行うことができる。

3 　任命権者は、条件付採用期間中の職員が、職務遂行能力を有しないと認めた場合であっても、当該職員を条件付採用期間中に免職にすることができない。

4 　任命権者は、条件付採用期間中の職員に対し転任を命ずることができるが、この場合の条件付採用期間は、当初の職に採用された期日から算定することとなる。

5 　職員の任用は全て条件付のものとされ、採用だけでなく昇任についても一定期間はこれを条件付とし、職務遂行能力の実証が行われなければならない。

●解説

　条件付採用とは、正式採用となるために実地で職務遂行能力を有するか否かを判定するための制度として設けられていることから、**競争試験又は選考により採用となった職員にのみ適用される。**

1　誤り。肢のような場合においては、条件付採用となって身分保障を失うに至るように解するべきではなく、法22条は適用されない（最判昭35.7.21）。

2　誤り。条件付採用期間中の職員については、分限処分に関する規定（法27条2項、28条1～3項）の適用はない（法29条の2第1項）。

3　誤り。条件付採用期間中の職員については、分限処分に関する規定の適用がない（法29条の2第1項）ので、労働基準法の適用に反しない限りにおいて免職とすることができる。

4　正しい。

5　誤り。条件を付して一定の間、能力の実証を行うのは採用の場合のみであり（法22条）、昇任に際してはこのような取り決めはない。

正解　4

《問題31》————臨時的任用①

難易度　　★

地方公務員法に定める臨時的任用に関する記述として、正しいものはどれか。

1　臨時的任用の職員の条件付採用の期間は6箇月であり、その間その職務を良好な成績で遂行したときに正式な臨時的任用になる。

2　人事委員会を置く自治体においては、常時勤務を要する職員に欠員を生じた場合に、緊急のときは、人事委員会の承認を得て、臨時的任用を行うことができる。

3　臨時的任用の期間は1年を超えない期間であり、更新することはできない。

4　定年による退職の規定は、臨時的に任用される職員にも適用される。

5　臨時的に任用された職員及びこれらに対する処分については、行政不服審査法の規定を適用する。

P&C 参照ページ
42、44、38、72ページ

●解説

　人事委員会（競争試験等を行う公平委員会を含む。以下同じ）を置く自治体では、任命権者は、常勤職員に欠員を生じた場合で、①緊急の場合、②臨時の職に関する場合、③採用候補者名簿・昇任候補者名簿がない場合に、人事委員会の承認（注：個々の職員の承認ではない。行実昭31.9.17）を得て、当該承認を得た職について、職員の臨時的任用を行うことができる（法22条の3第1項～3項）。人事委員会を置かない場合は、常勤職員に欠員を生じた場合で、①又は②の場合に、任命権者の判断で臨時的任用を行うことができる（同条4項）。

1　誤り。臨時的任用の場合に条件付採用の適用はない。

2　正しい。法22条の3第1項。

3　誤り。臨時的任用の期間は、原則6箇月を超えない期間であり、1回に限り、6箇月を超えない期間で更新できる（法22条の3第1項・4項）。

4　誤り。定年による退職に関する規定は、臨時的任用職員には適用しない（法28条の6第4項）。

5　誤り。臨時的任用職員には、行政不服審査法の規定を適用しない（法29条の2第1項2号）。

正解　2

《問題32》──── 臨時的任用②、会計年度任用職員

難易度 ★

臨時的任用及び会計年度任用職員に関する記述として、正しいものはどれか。

1 臨時的任用職員及び会計年度任用職員は、正式任用された職員とは勤務条件が異なるため、職員団体又は労働組合を結成し、又はこれに加入することができない。

2 人事委員会は、臨時的任用につき、任用される者の資格要件を定めることができ、これに違反する臨時的任用を取り消すことができる。

3 臨時的任用職員がその職務を良好な成績で遂行した場合、任命権者は、当該職員の任期が終了した後に優先的に正式任用することができる。

4 会計年度任用職員は、パートタイム勤務のみとされているため、営利企業の従事制限は適用されない。

5 臨時的任用職員及び会計年度任用職員には、分限処分に関する規定は適用されず、分限について条例で必要な事項を定めることもできない。

●解説

　臨時的任用は正式任用ではないので、①条件付採用がない、②分限処分に関する規定の適用がない、③不利益処分に関する審査請求ができない。

　一方、令和2年4月から導入されている「会計年度任用職員」（一般職）は、「一会計年度を超えない範囲で置かれる非常勤の職」であるが、上記3点は、常勤職員と同様（ただし、①条件付採用については、その期間が1箇月と短い）。

1　誤り。臨時的任用職員及び会計年度任用職員も法52条2項に規定する職員なので、職員団体を結成し、又はこれに加入することができる。

2　正しい。法22条の3第2項・3項。

3　誤り。臨時的任用職員は、正式任用に際して、いかなる優先権も与えられない（法22条の3第5項）。

4　誤り。会計年度任用職員には、フルタイムとパートタイムの2類型がある（法22条の2第1項1号・2号）。パートタイムの場合に、営利企業の従事制限が適用されないという点は、正しい（法38条1項）。

5　誤り。会計年度任用職員には、分限処分に関する規定（法27条2項、28条1〜3項）の適用がある。臨時的任用職員には、分限処分に関する規定は適用されないが（法29条の2第1項2号）、分限について条例で必要な事項を定めることはできる（同第2項）。

正解　2

《問題33》———任期付採用

難易度★★★

地方公共団体の一般職の任期付の採用に関する記述として、正しいものはどれか。

1 一般職の任期付の採用に当たっては、「地方公共団体の一般職の任期付職員の採用に関する法律」等の法律を直接の根拠として、条例を定めることなく、採用を行うことができる。

2 特定任期付職員とは、住民に対し直接提供されるサービスの提供を延長する等の場合において、採用することができる職員である。

3 一般任期付職員とは、高度の専門的な知識経験等を一定の期間活用して遂行することが特に必要とされる業務に従事させる場合において、採用することができる職員である。

4 一定の期間内に終了することが見込まれる業務に、期間を限って従事させることが公務の能率的運営の確保に資するときは、任期付職員を採用することができる。

5 任期付で採用される職員の任期は3年以内であり、またその任期を更新することはできない。

●解説

　行政ニーズの高度化・専門化に伴い、地方公共団体内部の職員だけでは必ずしも適時・適切な対応を十分に図ることができない業務が増加してきていることから、地方公務員法の特例として、①「地方公共団体の一般職の任期付職員の採用に関する法律」（任期付職員採用法）及び②「地方公共団体の一般職の任期付研究員の採用等に関する法律」が制定されている。

　①の法律に基づく任期付職員には、(1)特定任期付職員、(2)一般任期付職員、(3)4条任期付職員、(4)任期付短時間勤務職員の4種類がある。(1)及び(2)は任期5年以内、(3)及び(4)は任期3年以内（特に必要な場合は5年以内）である。

1　誤り。上記①の法律も②の法律も、「任命権者は、…条例で定めるところにより、…任期を定めて採用することができる」としている（①は3条1項・2項、4条、5条。②は3条1項）。

2　誤り。肢は、任期付短時間勤務職員である（任期付職員採用法5条2項）。

3　誤り。肢は、特定任期付職員である（同法3条1項）。なお、一般任期付職員は同法3条2項が根拠である。

4　正しい。同法4条。

5　誤り。同法6条、7条。

正解　4

《問題34》───人事評価

難易度★★★

地方公務員法に定める人事評価に関する記述として、正しいものはどれか。

1　人事評価とは、職員がその職務を遂行するに当たり発揮した能力及び挙げた実績を把握した上で行われる勤務成績の評価をいい、任用及び給与の基礎となるほか、分限の基礎にもなる。

2　職員の執務については、その任命権者は、人事評価を不定期に随時行わなければならない。

3　任命権者が地方公共団体の長、議会の議長、選挙管理委員会、代表監査委員、教育委員会及び地方公営企業の管理者である場合に適用される人事評価の基準及び方法に関する事項その他人事評価に関し必要な事項は、人事委員会が定める。

4　人事委員会は、人事評価の実施に関して、任命権者に勧告を行うことができない。

5　人事評価制度は、評価結果が任用、給与等に結びつくことにより職員の勤務条件に影響を及ぼすことがあり得るため、勤務条件の措置要求の対象になる。

●解説

　平成28年4月以降、地方公務員について人事評価制度が導入され（勤務成績の評定に関する規定は削除され、職階制は廃止となった）、能力及び実績に基づく人事管理の徹底が図られることとなった。

　人事評価とは、任用、給与、分限その他の人事管理の基礎とするために、職員がその職務を遂行するに当たり発揮した能力及び挙げた業績を把握した上で行われる勤務成績の評価である（法6条1項）。

　人事評価には、①能力評価（職務を遂行するに当たり発揮した能力を把握した上で行われる勤務成績の評価）と②業績評価（職務を遂行するに当たり挙げた業績を把握した上で行われる勤務成績の評価）がある。いずれも潜在的な能力や将来の業績の可能性は評価の対象とはならない点に留意が必要。

1　正しい。法6条1項。

2　誤り。人事評価は、定期的に行う（法23条の2第1項）。具体的には、国の取扱い（能力評価1年間、業績評価6箇月間）を参考に、勤勉手当の基礎として用いるために年2回、任用や昇給の基礎として用いるために年1回行うことが考えられる。

3　誤り。人事評価の基準及び方法に関する事項その他人事評価に関し必要な事項は、任命権者が定める（法23条の2第2項）。なお、任命権者が地方公共団体の長及び議会の議長以外の者であるときは、上記の事項について、あらかじめ、地方公共団体の長と協議しなければならない（同条3項）。

4　誤り。法23条の4。

5　誤り。制度自体が勤務条件そのものとはいえず、勤務条件の措置要求の対象にはならないとされている。

正解　1

《問題35》――給与①

難易度 ★★

　地方公務員法に定める給与に関する記述として、正しいものはどれか。

1　職員の給与は、その職務と責任に応ずるものでなければならないことから、給与の決定に当たり、生計費が考慮されることはない。

2　職員は、他の職員の職を兼ねる場合には、これに対し給与を受けることができる。

3　職員の給与は、法律により特に認められた場合を除き、通貨又は口座振込で、直接職員に、その全額を支払わなければならず、条例により例外を設けることはできない。

4　給与に関する条例には、職階制を採用する地方公共団体においては、その職に職階制が初めて適用される場合の給与に関する事項を規定するものとされている。

5　給与に関する条例に規定するものとされている等級別基準職務表には、職員の職務の複雑、困難及び責任の度に基づく等級ごとに、職員の職務を分類する際に基準となるべき職務の内容を定めていなければならない。

●解説

　給与に関する基本原則は、給与決定に関する原則と給与支給に関する原則に大別できる。

　給与決定に関する原則は、①職務給の原則、②均衡の原則、③条例主義の原則である。

　給与支給に関する原則は、通貨払の原則、直接払の原則、全額払の原則（給与支給三原則）である。

　その内容を理解するとともに、一般職についての例外や地方公営企業職員・単純労務職員への適用の有無について確認されたい。

1　誤り。肢の前段は、職務給の原則であり正しい（法24条1項）。職員の給与は、①生計費、②国及び他の自治体の職員の給与、③民間給与、④その他の事情を考慮して定めなければならず（同条2項。均衡の原則）、給与決定に当たっては生計費も考慮される。

2　誤り。職員が兼職する場合、その兼務先の職について重複して給与を受けてはならない（重複給与の支給禁止。法24条3項）。

3　誤り。給与支給三原則については、法律又は条例により特例を定めることができる（法25条2項）。

4　誤り。人事評価制度が導入され、職階制は廃止されている。

5　正しい。法25条3項2号・4項・5項。

正解　5

《問題36》───給与②

難易度★★★

給与に関する記述として、正しいものはどれか。

1　職員本人の願い出による休職中においては、いかなる給与も支給されない。

2　職員が、任命権者から修学部分休業又は高齢者部分休業の承認を受けて勤務しない場合には、勤務をしない時間の給与について減額されることはない。

3　職員は、いかなる場合においても条例に定めのない金銭を受け取ってはならず、たとえ表彰の副賞であっても金品を受け取ることはできない。

4　職員は、懲戒処分によって停職にされた場合には、条例で定める場合以外は、いかなる給与も支給することができない。

5　教育職員のうち県費負担教職員は、具体的な給与の支給額についても給与を負担する都道府県が条例で定めることとされている。

●解説

　給与の支払いは、基本的には、「ノーワーク・ノーペイ（働かなければ、給与は支給されない）」の原則に沿って判断される。

　非常勤職員の報酬、休職者の給与、懲戒処分を受けた職員の給与、育児休業中の職員の給与、組合活動に従事した職員の給与などについて、個々具体的に内容を確認しておくこと。

1　誤り。休職期間中であっても、一定の条件の下では給与が支払われるようにするのが一般的である。

2　誤り。条例で定めるところにより、減額して給与が支給される（法26条の2第3項、26条の3第2項）。

3　誤り。職員の表彰として金品を授受することは法25条1項の規定に反しない（行実昭27.2.28）。

4　誤り。懲戒処分による停職中はいかなる給与も支給しないのが一般的であり、条例で給与を支給する旨を定めることは想定されない。

5　正しい。地教行法42条。なお、政令指定都市については、県費負担教職員は廃止され、教育職員の給与の支払い主体は政令指定都市であり、給与は政令指定都市の条例で定められる。

正解　5

《問題37》───給与③

難易度　★★

給与に関する記述として、正しいものはどれか。

1　心身の故障による休職の場合、条例の定めるところにより、給与の一定割合を支給することができる。

2　刑事事件に関し起訴されたことに基づく休職の場合、条例で給与の一定割合を支給する旨を定めることはできない。

3　任命権者は、自らの裁量により、休職中の職員に対して給与を支給することができる。

4　休憩時間は勤務を要しない時間だが、給与は支給される。

5　国民の祝日に関する法律で指定された休日や年末年始の休日は、勤務義務が免除されているので給与は支給されない。

●解説

　職員の給与については、条例で定めることとされており、また、給与に関する条例に定める内容も地方公務員法に列挙されている（法24条5項、25条3項）。

1　正しい。休職者に対しては、条例の定めるところにより、給与の一定割合を支給することができる。

2　誤り。休職者に対しては、条例の定めるところにより、給与の一定割合を支給することができる。

3　誤り。休職者に対する給与に関しては、条例で定めなければならない。

4　誤り。休憩時間は給与は支給されない。

5　誤り。肢に記載の日は、本来は勤務すべき日であるが、法律の趣旨を尊重し、条例で勤務義務を免除しているものであることから、有給とされている。

正解　1

《問題38》———勤務時間①

勤務時間に関する記述として、正しいものはどれか。

1 職員の勤務時間を定めるに当たっては、国及び他の地方公共団体の職員並びに民間事業の従事者との間に権衡を失しないように適当な考慮が払われなければならない。

2 職員の勤務時間は、労働基準法に定める基準を逸脱することがなければ、条例で定めることなく、地方公共団体の当局と職員団体との間で書面協定により定めることができる。

3 職員の勤務時間は、人事委員会を置く地方公共団体においては人事委員会規則で定めることとされており、人事委員会を置かない地方公共団体においては労働基準法の規定を適用することとされている。

4 職員の勤務時間は、労働基準法の労働時間に関する規定が適用されず、1週間の勤務時間については地方公務員法で定めることとされている。

5 監督若しくは管理の地位にある職員又は機密の事務を取り扱う職員については、勤務時間の基本原則が適用されない。

●解説

　地方公務員法には、勤務時間について、①権衡の原則、②条例主義の2つの原則が定められている。給与の原則と異なるのは、人事委員会の勧告制度がないこと、労働基準法の適用をほぼ全面的に受けることなどである。

1　誤り。民間事業の従事者との間の権衡を図る必要はない（法24条4項）。

2　誤り。勤務条件は、条例で定めることとされている（法24条5項）。

3　誤り。勤務条件は、条例で定めることとされている（法24条5項）。

4　誤り。労働基準法の労働時間に関する規定（労働基準法32条）は、原則として適用される（法58条3項）。

5　正しい。労働基準法41条2号。

正解　5

《問題39》————勤務時間②

難易度 ★★

勤務時間に関する記述として、正しいものはどれか。

1 職員の勤務時間は条例の委任により規則で定めることができるが、給与は条例で定めなければならない。

2 使用者は、職員の休憩時間を、勤務時間の最初又は最後に設定することはできない。

3 休憩時間は、勤務を要しない時間であるが給与は支給される。

4 使用者は、勤務時間4時間につき少なくとも15分の休息時間をその途中に設定しなければならない。

5 管理監督の地位にある職員及び機密の事務を取り扱う職員についても、勤務時間の基本原則は適用される。

●解説

　休憩時間は勤務時間に含まれないが、休息時間は勤務時間に含まれる。休息時間は、原則として、その職場でいっせいに与える（いっせい付与の原則）とともに、職員の自由に利用させなければならない（自由利用の原則)。休息時間については、平成18年の地方公務員法の改正を参照。

1　誤り。職員の給与、勤務時間その他の勤務条件は、条例で定める（法24条5項)。

2　正しい。休憩時間とは、職員が職務に伴う疲労の回復を図る等のために設定されているものであり、労働時間の途中に与えなければならないとされている（労働基準法34条1項)。

3　誤り。休憩時間は勤務を要しない時間であるので給与は支給されない。

4　誤り。勤務時間4時間につき少なくとも15分の休息時間を設定しなければならない、との法律の規定はない。

5　誤り。監督若しくは管理の地位にある職員又は機密の事務を取り扱う職員については、勤務時間の基本原則が適用されない（労働基準法41条2号)。

正解　2

《問題40》───勤務時間③

難易度　★

勤務時間に関する記述として、正しいものはどれか。

1　休憩時間については、その職場の職員全員に一斉に与えなければならないとの原則があるが、例えば役所の窓口業務を行う職員にはその適用がない。

2　休憩時間は、勤務時間の途中に勤務を必要としない時間として設定されるものであるが、その間の勤務時間に対しては給与が支払われるので、原則として自由に利用することはできない。

3　勤務時間は、休憩時間を除いて1日に8時間、1週間について56時間を超えてはならない。

4　休息時間は、勤務時間の途中に勤務を必要としない時間として設定されるものであるので、職員はその間職務に専念する義務はなく、原則として自由に利用できる。

5　職員が休暇を取得しようとする場合には、職員による「休暇の請求」と、これに対する任命権者による「承認」が必要となる。

●解説

　休憩時間について、労働基準法のいっせい付与の原則（労働基準法34条 2 項）は、非現業の職員、旅客又は貨物の運送の事業に従事する職員、病院、保健所等の職員には適用されないとしている。

1　正しい。労働基準法34条 2 項、同法施行規則31条。

2　誤り。休憩時間は、職員の自由に利用することができる（労働基準法34条 3 項）。

3　誤り。休憩時間を除き 1 週間について40時間を超えて、労働させてはならない（労働基準法32条 1 項）。また、休憩時間を除いて 1 日について 8 時間を超えて、労働させてはならない（労働基準法32条 2 項）。

4　誤り。肢は、休憩時間に関する説明である。

5　誤り。労働者が休暇の時期指定をしたときは、使用者が時季変更権の行使をしないかぎり、年次有給休暇が成立し、当該労働日における就労義務が消滅するのであって、労働者による「休暇の請求」や、これに対する使用者の「承認」の観念を容れる余地はない（最判昭48.3.2）。

正解　1

《問題41》————勤務時間④

難易度　★★

勤務時間に関する記述として、正しいものはどれか。

1　時間外勤務とは、正規の勤務時間以外の勤務及び週休日の勤務を指しており、休日勤務又は宿日直勤務も、これに含まれる。

2　勤務時間は、国及び他の地方公共団体の職員との間に権衡を失しないように適当な配慮が払われなければならず、労働基準法の定める規定を下回ってはならない。

3　勤務時間その他の勤務条件は、条例の委任があれば、全面的に規則で定めることができる。

4　年次有給休暇は、原則として職員の自由に利用させなければならないものであるが、使用者は、職務上の必要がある場合には、利用目的についての制限を加えることができる。

5　勤務時間とは、職員が地方公共団体のために役務を提供するべき時間をいい、職務命令に基づく研修、教育活動に参加する時間は勤務時間には含まれない。

●解説

　地方公務員は、労働基準法の労働時間、休憩、休日及び年次有給休暇に関するほとんどの規定の適用を受ける。

1　誤り。時間外勤務と休日勤務、宿日直勤務とは性質が異なっており、勤務を行った際にはそれぞれ異なる手当が支給される。

2　正しい。法24条4項、58条3項。

3　誤り。職員の給与、勤務時間その他の勤務条件に関する事項を全面的に規則で定めるよう条例で委任することはできない（行実昭27.11.18）。

4　誤り。年次有給休暇の利用目的は労働基準法の関知しないところであり、休暇をどのように利用するかは、使用者の干渉を許さない労働者の自由である（最判昭48.3.2）。

5　誤り。職務命令に基づく研修、教育活動に参加する時間も勤務時間に含まれる。また、執務開始前の朝礼、執務終了後の片づけなども義務的なものであれば勤務時間に含まれると解される。

正解　2

《問題42》————分限①

難易度 ★★

　地方公務員法の分限に関する記述として、正しいものはどれか。

1　分限処分とは、職員の一定の義務違反に対する道義的責任を問うことにより、公務能率の維持の見地から、職員の意に反する身分上の変動をもたらす処分をいう。

2　地方公営企業の職員及び単純労務職員の免職及び休職の基準に関する事項は、団体交渉の対象となっている。

3　職員は、地方公務員法で定める事由による場合でなければ、その意に反して降給されることはない。

4　職員が「禁錮以上の刑に処せられ、その執行を終わるまで又はその執行を受けることがなくなるまでの者」に該当したときは、地方公務員法の規定により、分限免職処分に処さなければならない。

5　職制若しくは定数の改廃又は予算の減少により廃職又は過員を生じた場合は、職員を免職することができるが、その復職について、他の一般の採用と異なる優先的な取扱いをすることは認められていない。

●解説

　分限とは、一定の事由がある職員につき、その意に反して、不利益な身分上の変動をもたらす処分であり、適格性のない職員を排除し、公務能率の維持と向上を図るために行うものである（職員の制裁ではない点に留意）。免職、休職、降任及び降給の4種類が定められている。

　なお、不利益処分であること、また、職員の身分保障という一面から、分限の公正が求められ、かつ、任命権者は、法律又は条例で定める場合以外の事由によって分限処分を行うことができないとされている（法27条1項・2項、28条1項～3項）。

1　誤り。分限は、「一定の義務違反に対する道義的責任を問う」ものではない。

2　正しい。地方公営企業等の労働関係に関する法律7条、附則5項参照。

3　誤り。職員は、条例で定める事由による場合でなければ、その意に反して降給されることがないと定められている（法27条2項）。

4　誤り。肢に挙げられている者は欠格事由に該当する。職員が、欠格事由に該当するに至ったときは、分限処分ではなく、失職となる（法28条4項）。なお、刑事事件に関し起訴された場合に分限休職処分をすることができることとされている（法28条2項2号）。

5　誤り。前半は正しい（法28条1項4号）。この免職された者について、復職させる場合の資格要件等について特例が定められている（法17条の2第3項）。

正解　2

《問題43》————分限②

難易度 ★★

分限に関する記述として、正しいものはどれか。

1 任命権者は、法律に定める事由によらず、純然たる自由裁量により、条件付採用期間中の職員を分限免職にすることができる。

2 地方公共団体は、条例により、条件付採用期間中の職員及び臨時的任用職員の分限について必要な事項を定めることができる。

3 任命権者は、職員の勤務実績がよくない場合は、その職員に対し分限免職処分を行うことができるが、予算の減少により過員を生じた場合は、職員に対し、分限免職処分を行うことができない。

4 分限処分のうち、免職を行うことができるのは、法に定める場合に限られているが、降任、休職及び降給は、法のほか条例で定める場合にも行うことができる。

5 任命権者が分限処分を行う場合には、当該職員に対して処分の事由を記載した説明書を交付しなければならず、この説明書の交付がなされない分限処分は無効となる。

●解説

　分限処分は、職員の意に反する不利益な処分であるから、その手続及び効果については、法律に特別の定めのある場合のほかは、条例で定めなければならない。

1　誤り。純然たる自由裁量ではなく、客観的に合理的な理由が存在し、社会通念上相当とされるものであることを要する（最判昭53.6.23）。

2　正しい。条件付採用期間中の職員及び臨時的任用職員の分限については、条例で必要な事項を定めることができる（法29条の2第2項）。

3　誤り。前段は正しい。予算の減少により廃職又は過員を生じた場合にも、職員の意に反して、これを免職することができる（法28条1項1号、4号）。

4　誤り。降任若しくは免職は地方公務員法に定める事由に、休職は地方公務員法又は条例で定める事由に、降給は条例で定める事由によらなければ行うことはできない（法27条2項）。

5　誤り。任命権者は、職員に対し、その意に反する不利益な処分を行う場合には、その職員に対し処分の事由を記載した説明書を交付しなければならない（法49条1項）が、交付がなされなくても、処分の効力に影響はない（行実昭39.4.15）。

正解　2

《問題44》―――分限③

難易度★★★

分限に関する記述として、正しいものはどれか。

1　職員が禁錮以上の刑に処せられた場合であっても、任命権者が当該職員を分限免職処分にするまでの間は、当該職員は職員としての身分を有する。

2　任命権者は、職員が、心身の故障のため長期の休養を要するに至った場合、刑事事件に関し起訴された場合及び条例で定める事由に該当する場合に限り、当該職員を分限休職処分にすることができる。

3　職制若しくは定数の改廃又は予算の減少により廃職又は過員が生じた場合、任命権者は、当該職員を分限休職処分又は分限免職処分にすることができる。

4　分限処分により休職中の者については、給与の一部が支給されることが法律に定められており、その支給のための条例の制定は必要ない。

5　分限処分により休職中の者については、職は保有していることから、職員の定数に関する条例において定数外とすることはできないとされている。

●解説

　分限処分は、①免職（職員の意に反してその身分を失わせる処分）、②休職（職員としての職を保有したまま、一定期間職務に従事させない処分）、③降任（現在就いている職より下位の職に任命する処分）、④降給（現に決定されている給料の額よりも低い額に決定する処分）の４種類である。

　それぞれの事由は、法律の条文、行政実例、判例を確認しながら整理しておくこと。

1　誤り。肢の場合には、条例に特別の定めがある場合を除くほか、その職を失う（法16条１号、28条４項）ので、当該職員は、任命権者による分限免職処分を待つまでもなく、失職することとなる。

2　正しい。法27条２項、28条２項・３項。

3　誤り。肢の場合、任命権者は、分限降任又は分限免職処分を行うことができる（法28条１項４号）。

4　誤り。肢のような法律の定めはなく、支給について条例の定めが必要である。

5　誤り。職は保有しているものの、いわゆる定数条例において定数外とする旨を定めている例がある。

正解　2

《問題45》——分限④

難易度 ★★

分限に関する記述として、正しいものはどれか。

1 分限免職の処分を受け、当該処分の日から2年を経過しない者は、当該処分をした地方公共団体の職員になることはできない。

2 分限免職処分は、勤務実績がよくない場合、その職に必要な適格性を欠く場合など、法で定める事由に該当する場合に行われ、必要があれば過去に遡って行うこともできる。

3 任命権者は、職員の採用後に、当該職員が採用以前に刑事事件に関して起訴されている事実を知った場合、当該職員を分限休職処分にすることができる。

4 任命権者は、職員が刑事事件に関して起訴された場合は、その意に反して休職処分を行うことができるが、その刑事休職中に懲戒処分を行うことはできないとされている。

5 分限降任処分は、心身の故障のため職務の遂行に支障があり、又はこれに堪えない場合に行うことができるが、処分に際しては、当該職員の同意が必要とされている。

●解説

　いかなる事由が分限処分に該当するか否かは、法律の条文、行政実例、判例を確認しながら整理しておくこと。
　なお、降給は、その事由を条例で定めることが技術的に困難であるため、定められていないのが現状である。

1　誤り。職員となることができないのは、当該地方公共団体において懲戒免職の処分を受け、当該処分の日から2年を経過しない者である（法16条2号）。

2　誤り。過去に遡って免職処分を行うことはできない（行実昭27.9.30）。

3　正しい。行実昭37.6.14。

4　誤り。分限求職中も職員としての地位はあるため、その間に懲戒処分を行うことは可能とされている。

5　誤り。分限処分は職員の意に反して行われるもの（法28条1項）であり、本人の同意は不要である（行実昭28.10.22）。

正解　3

《問題46》————分限⑤

難易度　★

分限に関する記述として、正しいものはどれか。

1　任命権者は、職員が心身の故障のため長期の休養を要する場合、当該職員を分限処分として降任することができる。

2　任命権者は、職員が休職を願い出た場合、当該職員を分限処分として休職させることができる。

3　任命権者は、職員団体の在籍専従職員が刑事事件で起訴された場合には、分限処分として休職させることができない。

4　分限免職及び降任の事由は地方公務員法でのみ定めることができるが、分限休職の事由は条例でも定めることができる。

5　任命権者は、収賄事件で起訴された職員に対し、分限休職と分限降任の処分を併せ行うことができない。

●解説

　休職の事由は、①心身の故障のため、長期の休養を要する場合、②刑事事件に関し起訴された場合、③条例で定める場合である。

1　誤り。心身の故障のため長期の休養を要する場合に行うことができる処分は、休職処分である（法28条 2 項 1 号）。

2　誤り。職員本人からの申出による休職を分限処分として発令できるか否かは法解釈上争いがある（「あえて無効とすることはない」（最判昭35.7.26）、「依願休職は認められない」（行実昭38.10.29））ところであるが、分限処分は職員の意に反する処分である（法28条 1 項本文）ので、ここでは誤りとした。

3　誤り。職員団体のための専従休職者が刑事事件に関し起訴された場合、休職処分を行うことができる（行実昭38.9.20）。

4　正しい。分限免職事由は地方公務員法で定める場合に限られるが、分限休職事由は条例でも定めることができるとされている（法27条 2 項）。

5　誤り。分限休職と分限降任の 2 つの処分を併せ行うことは可能である（行実昭43.3.9）。

正解　4

《問題47》————定年・役職定年制

難易度 ★★

地方公務員の定年及び役職定年制（管理監督職勤務上限年齢制）に関する記述として、正しいものはどれか。

1 職員の定年制は、臨時的に任用される職員その他の法律により任期を定めて任用される職員を含め、地方公共団体の全ての一般職員に適用される。

2 任命権者は、定年に達した職員について条例で定める一定の事由がある場合、条例で定めるところにより、1年を超えない範囲内で期限を定め、引き続いて勤務させることができる。

3 職員の定年は、地方公共団体が条例で定めることとされており、この場合、国の職員について定められている定年を参考とする必要はない。

4 役職定年制において、管理監督職にある職員がその勤務上限年齢に達した場合は、当該勤務上限年齢に達した日に、降任又は降給を伴う転任により、原則として管理監督職以外の他の職へ異動しなければならない。

5 役職定年制において、任命権者は、職務遂行上の特別の事情を勘案し、他の職への降任等により公務運営上著しい事情が生ずる事由として法律で定める事由があるときは、引き続き当該職のまま5年間勤務させることができる。

●解説

　定年退職制は、①職員の新陳代謝を円滑に行うことにより、組織の活力を維持し、行政を効率的に運用すること、②所定の年齢までの勤務を保障し、職員が安心して公務に専念することができるようにすること、を目的として定められている。
　令和5年4月1日から、定年の引上げに伴い、管理監督職勤務上限年齢の制度が設けられた。

1　誤り。職員の定年制は、臨時的に任用される職員その他の法律により任期を定めて任用される職員及び非常勤職員には適用されない（法28条の6第4項）。

2　正しい。法28条の7第1項。

3　誤り。定年は、国の職員について定められている定年を基準として定めなければならない（法28条の6第2項）。

4　誤り。勤務上限年齢に達した日に異動しなければならないのではなく、その日の翌日から同日以後の最初の4月1日までの間（「異動期間」）に異動することが求められる（法28条の2第1項）。

5　誤り。例外として上限年齢を超えて当該職のまま勤務させることができるのは、「条例で定める事由」があるときであり、また、勤務を延長できるのは「1年を超えない期間内」である（再延長可能だが、それでも最長3年。法28条の5第1項及び第2項）。

正解　2

《問題48》────再任用

難易度 ★★

地方公務員の再任用及びその関連制度に関する記述として、正しいものはどれか。

1 定年前再任用短時間勤務職員の任用とは、60歳を基準に条例で定める年齢に達した日以後に退職した者について、選考により、短時間勤務の職に再任用することができる制度である。

2 任命権者は、職員が60歳を基準に条例で定める年齢に達する年度に、当該年齢以後の勤務条件に関する情報を提供するとともに、その職員の当該年齢以後の勤務の意思を確認しなければならない。

3 定年前再任用短時間勤務職員の任期は、原則として1年を超えない範囲内で定めなければならないが、特段の事情がある場合には、1年を超えて任期を定めることもできる。

4 定年前再任用短時間勤務職員の任用は、従前の勤務実績等に基づく選考により行われるが、任用の根本基準に沿って行われるものであることから、全て条件付採用となる。

5 定年前再任用短時間勤務職員の勤務実績等が極めて良好な場合には、3年を超えない範囲内で任期を定め、常勤職員に任用することができる。

●解説

　令和5年4月1日から、定年の引上げに伴い、定年前再任用短時間勤務職員の任用に関する規定が整備され、従前の再任用制度は廃止された。ただし、定年の段階的な引上げがされている間（令和14年3月31日まで）は、定年退職した職員が従前同様に再任用されるよう、経過措置の適用がある。

1　正しい。法22条の4第1項及び第2項。

2　誤り。勤務条件に関する情報提供と勤務の意思の確認は、60歳を基準に条例で定める年齢に達する年度の「前年度」に行うものとされており、勤務の意思の確認は義務ではなく努力義務である（法附則23項及び25項）。

3　誤り。定年前再任用短時間勤務職員の任期は、1年を超えない範囲内ではなく、「採用の日から定年退職日相当日まで」である（法22条の4第3項）。

4　誤り。従前の勤務実績等に基づく選考により行われる点は正しいが、定年前再任用短時間勤務職員については、条件付採用の規定の適用はない（法22条の4第6項）。

5　誤り。任命権者は、定年前再任用短時間勤務職員を、常時勤務を要する職に昇任し、降任し、又は転任することができない（法22条の4第5項）。

正解　1

《問題49》──懲戒①

懲戒に関する記述として、正しいものはどれか。

1 地方公務員法は、懲戒処分として、訓告、減給、休職及び免職の4種類を定めており、戒告や口頭注意は懲戒処分ではないとされている。

2 地方公務員法は、懲戒処分として、戒告、減給、停職及び免職の4種類を定めているが、条例でこれ以外の懲戒処分を定めることもできる。

3 地方公務員法は、懲戒処分として、戒告、減給、停職及び免職の4種類を定めているが、訓告は、実質的制裁を備えないものである限り行うことができる。

4 地方公務員法は、懲戒処分として、戒告、減給、休職及び免職の4種類を定めているが、このうち休職は、心身の故障のため職務の遂行に堪えない場合などに行うことができる。

5 地方公務員法は、懲戒処分として、戒告、減給、停職及び免職の4種類を定めているが、いかなる処分を選ぶかについては法で厳格に定められており、任命権者の裁量の及ぶところではない。

●解説

　懲戒処分は、公務における規律と秩序の維持を目的とし、職務上の義務違反に対する制裁としての効果を持つ。職員の意に反する不利益処分であるので、任命権者は、法律で定める事由以外ではこれを行うことができない。懲戒処分の種類は、重い処分の順番に、免職、停職、減給、戒告の4種類である。

1　誤り。法に定められている懲戒処分は、戒告、減給、停職又は免職の4種類である（法29条1項）。訓告は将来を戒める事実上の行為であると解されている。

2　誤り。職員は、法に定める事由による場合でなければ、懲戒処分を受けることがない（法27条3項）とされており、他の処分を定めることができるとは書かれていない。

3　正しい。行実昭34.2.19。

4　誤り。休職は分限処分のひとつである（法28条2項）。

5　誤り。地方公務員につき法所定の懲戒事由がある場合に、いかなる懲戒処分を選ぶかは、職員の指揮監督の衝に当たる懲戒権者の裁量に任されているものと解されている（最判平2.1.18）。

正解　3

《問題50》——懲戒②

難易度★★★

懲戒に関する記述として、正しいものはどれか。

1　任命権者は、職員に対して行った懲戒処分を、軽すぎることを理由として取り消した上で、より重い処分に変更することができる。

2　任命権者は、職員の懲戒の手続及び効果については、法律に特別の定めがある場合を除き、条例で定めることとされており、条例で執行猶予の規定を設けることができる。

3　任命権者は、懲戒処分を受けた職員が一定の間職務に精励した場合、条例で、懲戒処分そのものを消滅させるという規定を設けることができる。

4　任命権者は、懲戒免職を行う場合、当該職員に対して、労働基準法に定める解雇予告を行わなければならず、予告しない場合、解雇予告手当を支払う義務を負う。

5　任命権者は、職員に職務上の義務違反があった場合には、条件付採用期間中の職員に対して懲戒処分を行うことができるが、臨時的に任用された職員に対しては懲戒処分を行うことはできない。

●解説

　職員が懲戒事由に該当する行為を行った場合、当該職員に対し懲戒処分を行うか否か、また、懲戒処分を行う場合にいかなる処分を選択するか、については任命権者の裁量に任されている。関連する条文や行政実例を確認しておくこと。

1　誤り。懲戒処分の取消しや撤回は、処分を行った任命権者が行うことは許されていない。懲戒処分の取消しは、人事委員会又は公平委員会の判定、又は裁判所の判決によって行うことができる（大阪地裁平21.7.1、京都地裁平21.6.25ほか）。

2　誤り。前段は正しい（法29条4項）が、懲戒処分について、条例で、その執行を猶予することができるような規定を設けることはできない（行実昭27.11.18）。

3　誤り。条例で懲戒処分そのものを消滅させることはできない（行実昭26.8.27）。

4　正しい。懲戒免職については、労働基準法20条の規定が適用されるため、少なくとも解雇の30日前に予告が必要とされ、予告しない場合は30日分以上の平均賃金の支払い義務がある（労働基準法20条1項）。

5　誤り。条件付採用期間中の職員及び臨時的任用職員であっても、地方公務員法の懲戒処分に関する規定の適用を受けるため、懲戒処分の対象となり得る（法29条1項、29条の2第1項参照）。

正解　4

《問題51》———懲戒③

難易度 ★★

懲戒に関する記述として、正しいものはどれか。

1 任命権者は、条件付採用期間中の職員が懲戒事由に該当したとき、この期間中には懲戒処分を行えないが、正式採用となった後には、先の事由に基づいた懲戒処分を行うことができる。

2 任命権者は、職員を定年前再任用短時間勤務職員として採用した場合において、当該職員の在職期間中に行った義務違反を対象とした懲戒処分を行うことができる。

3 地方公務員法には、懲戒処分の事由として、法令違反、職務上の義務違反及び職務怠慢の3種類が規定されており、これ以外の事由による懲戒処分を行うことはできない。

4 職員が異なる地方公共団体の職を兼職している場合、職員の義務違反について、一方の地方公共団体の任命権者が行った懲戒処分は、他方の地方公共団体の任命権者を拘束する。

5 任命権者は、同一地方公共団体で任命権者を異にする異動があった場合、当該職員の前任部局における義務違反を対象とした懲戒処分を行うことができない。

●解説

　懲戒処分の事由は、①地方公務員法、特例法、これに基づく条例、規則若しくは規程に違反した場合、②職務上の義務に違反し、又は職務を怠った場合、③全体の奉仕者たるにふさわしくない非行のあった場合に限られている。具体的な事由については、行政実例、判例も確認しておくこと。

1　誤り。任命権者は、条件付採用期間中の職員に対して懲戒処分を行うことができる（法29条の2第1項参照）。

2　正しい。法29条3項。

3　誤り。全体の奉仕者たるにふさわしくない非行のあった場合も対象となる（法29条1項3号）。

4　誤り。職員が異なる地方公共団体の職を兼務している場合、それぞれの地方公共団体の任命権者は、それぞれの立場で懲戒処分を行うことができ、一方の任命権者の懲戒処分は他方の任命権者を拘束することにはならない（行実昭31.3.20）。

5　誤り。同一地方公共団体で任命権者を異にする異動があった場合、当該職員は同一の特別権力関係に属していると考えられ、新しい任命権者は、その職員の前任部局の懲戒処分に該当する行為を対象とした懲戒処分を行うことができる。

正解　2

《問題52》―――懲戒④

難易度　★★

懲戒に関する記述として、正しいものはどれか。

1　任命権者は、退職の申出を認めて職員が退職した後に、在職中の窃盗行為が発覚した場合、その故をもって退職の承認を取り消し、日付を遡って当該職員に懲戒免職の発令をすることができる。

2　任命権者は、当該地方公共団体をいったん退職し、再び職員となった者に対し、退職前の事由を理由とした懲戒処分を行うことはできない。

3　任命権者は、すでに退職した者であっても、在職中に重大な懲戒処分の事由があったことが明らかとなった場合には、当該職員に対し、退職した日以前に遡って懲戒処分を行うことができる。

4　任命権者は、懲戒処分を行う場合には、懲戒処分の手続としてその職員に不利益処分の事由を記載した説明書を交付しなければならず、交付しなければ処分の効力が発生しない。

5　任命権者は、職員の懲戒の手続及び効果に関して条例が制定されていない場合には、懲戒処分を行うことができない。

●解説

　任命権者は、一定の要件を満たす場合には、退職した職員について在職期間中の事由による懲戒処分を行うことができる。具体的な要件については、地方公務員法29条2項・3項を確認しておくこと。

1　誤り。依願退職後に、在職中の窃盗行為が発覚したとしても、その故をもって依願免職という行政行為を変更することはできない（行実昭26.11.16）。また、懲戒免職の場合、日付を遡って発令することはできない（行実昭29.5.6）。

2　誤り。一定の要件を満たした場合、退職前の事由を理由として、懲戒処分を行うことができる（法29条2項・3項）。具体的には、任命権者の要請に応じて特別職地方公務員等となるために退職した後に職員として再度採用された者について、職員としての在職期間中に懲戒処分の事由が生じていた場合などがある。

3　誤り。既に退職した者については懲戒処分を行うことはできない。

4　誤り。説明書の交付を欠いても処分の効力に影響はない（行実昭39.4.15）。

5　正しい。条例が制定されていない場合には、懲戒処分を行うことはできない（行実昭37.2.6）。

正解　5

《問題53》———懲戒⑤

難易度 ★★

懲戒に関する記述として、正しいものはどれか。

1 任命権者は、同一の職員に数個の義務違反がある場合、その全体を勘案してひとつの懲戒処分を行わなければならない。

2 任命権者は、懲戒処分を行うに当たっては、ひとつの義務違反に対して2種類以上の処分を併せて行うことはできない。

3 任命権者は、ひとつの事件につき職員を懲戒処分する場合、最初の1箇月を停職処分としてその後2箇月間を減給処分とすることができる。

4 任命権者は、職員に対して分限免職処分を行った後に、当該職員の免職前に懲戒免職事由に該当する事実があったことが判明した場合、分限免職処分を取り消し、遡って懲戒免職を行うことができる。

5 職員が同一の地方公共団体の異なる任命権者に属する職を兼職している場合、いずれの任命権者も当該職員に対し懲戒処分を行うことができ、一方の任命権者が行った懲戒処分は、他方の任命権者を拘束しない。

●解説

　同一の事実が懲戒処分の事由にも分限処分の事由にも該当する場合、任命権が事案に則して適切に判断して、いずれかあるいは両方の処分を行う。この場合、懲戒と分限は目的が異なるので、懲戒を行うべき事案について情状によっては分限としたり、分限を懲戒に変えることは許されない。

1　誤り。個々の義務違反について、別個の懲戒処分を行うことも、その全体を勘案してひとつの懲戒処分を行うこともどちらも可能である。

2　正しい。ひとつの義務違反に対して2種類以上の処分を併課することはできない（行実昭29.4.15）。

3　誤り。ひとつの事件につき職員を懲戒処分する場合、例えば最初の1箇月を停職処分としてその後2箇月間を減給処分とすることはできない（行実昭29.4.15）。

4　誤り。懲戒免職の場合、日付を遡って発令することはできない（行実昭29.5.6）。また、懲戒処分の取消しや撤回は、原則として、処分を行った任命権者は行うことはできない。

5　誤り。任命権者が同一の地方公共団体に属する場合、一方の懲戒処分が他方の任命権者の行為を拘束する場合がある（行実昭31.3.20）。

正解　2

《問題54》────分限と懲戒

難易度★★★

分限及び懲戒に関する記述として、正しいものはどれか。

1　分限処分及び懲戒処分はその目的が異なる処分であるので、任命権者は、同一事由について、それぞれの処分を併せて行うことはできない。

2　分限処分は1つの事由に対し2種類以上の処分を行うことができるが、懲戒処分は1つの事由に対し2種類以上の処分を行うことができない。

3　職員の分限処分及び懲戒処分の手続及び効果は、法律の特別の定めがある場合を除くほか、地方公共団体の条例又は規則で定めることとされている。

4　分限処分及び懲戒処分の双方の事由に該当する場合、任命権者は、常に被処分者に有利な処分を行わなければならない。

5　分限免職処分を行った後に、当該職員の免職前に懲戒免職事由に該当する事実が判明した場合、任命権者は、分限免職処分を取り消し、遡って懲戒免職処分を行うことができる。

●解説

　分限処分と懲戒処分とは目的・性格が異なるものであり、原則として両者を重ねて行うことができる。ただし、**分限免職と懲戒免職はもたらす効果が同じなので、重ねて行う必要性がないため、これを行うことができない。**

1　誤り。同一事由について懲戒処分と併せて分限処分を行うことは可能である（行実昭42.6.15）。

2　正しい。分限処分は2種類以上の処分を併せ行うことができる（行実昭43.3.9）が、懲戒処分は2種類以上の処分を併せ行うことができないとされている（行実昭29.4.15）。

3　誤り。法律に特別の定めのある場合を除くほか、条例で定めなければならない（法28条3項、29条4項）。

4　誤り。同一の事由又は事実に基づいて、懲戒処分と分限処分をそれぞれ行うことができるかについて、いずれの処分を行うかは任命権者の裁量によるとされている（行実昭28.1.14）。

5　誤り。懲戒免職の場合、日付を遡って発令することはできないものと解されている（行実昭29.5.6）。

《問題55》―――離職

難易度 ★★

地方公務員の離職に関する記述として、正しいものはどれか。

1 離職には退職及び失職があり、定年による退職及び辞職は退職に、死亡退職及び任用期間の満了は失職に、それぞれ分類される。

2 欠格条項該当による失職、分限免職及び懲戒免職については、地方公務員法に定められているが、定年による退職及び辞職については規定がない。

3 離職とは、職員がその職を離れることをいい、その職員の身分をも失わせるためには、離職の際に、別途の身分を失わせる処分を併せて行うものとされている。

4 退職による離職の法的効果は、職員が任命権者から退職させる旨の辞令交付を受けたときに生じると解されており、退職願の撤回は、退職の辞令を交付される前においては、特段の制約はなく自由であると判示されている。

5 離職は、分限の一種ではあるが、いわゆる分限処分とは異なり、その手続及び効果を条例で定める必要はない。

●解説

　「離職」には「退職」と「失職」があるが、一定の離職が
そのどちらに該当するかにつき条文上の文言と解釈にずれが
あったり、辞職について法律上特段の定めはなく解釈等によ
る部分があったりするため、条文以外の解釈にも気を配るこ
と。

1　誤り。定年による退職は、地方公務員法の条文上は「退
　職」とされているが、解釈上は「失職」の１つとされて
　いる。辞職が「退職」に当たるのは正しい。また、死亡
　退職は「退職」に当たる。任用期間の満了は「失職」で
　正しい。

2　誤り。定年による退職についても、地方公務員法に規定
　がある（法28条の６）。辞職については特段の規定はない。

3　誤り。職員の職と身分は一体のものとされており、職か
　ら離れると身分を失うと解されている。そのため、離職
　とは、職員がその職と身分を失うことと理解されている。

4　誤り。退職願の撤回は、辞令交付前であれば全くの自由
　というわけではなく、信義則に反しない限りで可能であ
　るとするのが判例である。

5　正しい。離職は、分限処分ではないものの「分限」の一
　種とされている。ただし、分限処分の場合とは異なり、
　手続・効果を条例で定めることまでは求められていない。

正解　5

《問題56》―――根本基準・宣誓

難易度 ★

地方公務員法に定める服務の根本基準及び服務の宣誓に関する記述として、正しいものはどれか。

1 服務とは、現に職務に服している職員が守るべき義務ないし規律をいい、退職後において適用されることはない。

2 職員は、全体の奉仕者として公共の福祉のために勤務しなければならず、特に管理職は無定量な勤務に服することが地方公務員法に定められている。

3 職員が職務を遂行するに当たって守るべき義務を職務上の義務と呼び、職務上の義務に該当するものとして、争議行為等の禁止が挙げられる。

4 職員は、条例の定めるところにより、服務の宣誓をしなければならないとされている。

5 職員の服務上の義務は、採用後に服務の宣誓を行うことによって生ずるとされている。

●解説

　服務とは、職務を遂行するに当たって職員が守るべき義務ないし規律である。

　憲法15条2項の「公務員は、全体の奉仕者」の規定を受けて、地方公務員法30条は、服務の根本基準（全体の奉仕者・公共の利益のために勤務・職務の遂行に当たって全力を挙げて専念）を定めている。職員がこの服務の根本基準を自覚するために義務付けられているのが「服務の宣誓」である（法31条）。宣誓義務の違反については、罰則はなく、懲戒処分の対象になり得る。宣誓の内容は、条例の定めるところによる。なお、宣誓により初めて服務に関する義務が発生するというわけではない点に留意されたい。

1　誤り。秘密を守る義務は、退職後も適用になる（法34条1項）。

2　誤り。法は、「管理職は無定量な勤務に服すること」を定めてはいない。

3　誤り。服務としての職員の義務は、職務上の義務と身分上の義務に分けられる。前者は、専ら職務の遂行に関して守るべき義務であり、職務専念義務（法35条）などがある。後者は、職員としての身分を有する限り、勤務時間外、休職又は停職中、休暇中等でも適用される義務であり、信用失墜行為の禁止（法33条）、秘密を守る義務（法34条）などがある。争議行為等の禁止（法37条）は、身分上の義務である。

4　正しい。法31条。

5　誤り。宣誓によって何らかの法的効果が生じるわけではない。

正解　4

《問題57》——職務上の命令①

難易度 ★★

地方公務員法に定める法令等及び上司の職務上の命令に従う義務に関する記述として、正しいものはどれか。

1　地方公務員法に定める法令等に従う義務とは、職員が公共の利益のために勤務することを踏まえ、職員が職務遂行に関係なく一市民として守らなければならない法令等にも従わなければならないことであると解されている。

2　上司の職務上の命令に従う義務における上司は、職務上の上司と身分上の上司とに分けることができ、職務上の上司とは、職員の任免や懲戒について権限を有する者をいう。

3　職務命令の手続及び形式については、文書又は口頭によることができるが、重要な職務命令は、文書により行わなければならない。

4　職員は、上司の職務上の命令に従う義務があり、身分上の命令は、職務上の上司だけでなく、身分上の上司も発することができる。

5　有効な職務命令であるか疑問があるときは、職員は、職務命令の効力に疑義がある旨の意見を上司に具申すれば、その命令に従う必要はない。

●解説

　公務員が職務を遂行するに当たって法令等に従うべきことは法治国家においては当然のことである。なお、地方公務員法32条は、職員が職務と関係なく私人として法令等に違反した場合は問題とならない点に留意されたい（もっとも、懲戒処分の対象となる非行や信用失墜行為に該当する可能性がある）。

　上司の職務上の命令に従う義務については、①職務上の命令の意義・分類、②上司の概念整理、③有効な職務命令の要件、④瑕疵ある命令への対応、⑤違反への対応といった点を整理しておく必要がある。

1　誤り。

2　誤り。上司には、職務上の上司と身分上の上司がいる。前者は職務の遂行について職員を指揮監督する者であり、後者は職員の任用、分限、懲戒などの身分の取扱いについて権限を有する者である。

3　誤り。命令の形式には制限はなく、命令の重要性にかかわらず、文書でも口頭でもよい。

4　正しい。身分上の命令は、職務上の上司も身分上の上司も発することができる（例：病気療養の命令）。なお、職務上の命令は、職務上の上司のみが発することができる（例：出張命令）。

5　誤り。職務命令の適法性に疑義がある職員は、当然に、上司にその旨の意見を具申することができる。しかし、当該職務命令に重大明白な瑕疵があるわけではなく、命令が取り消されていない以上は、当該職務命令も一応有効性の推定を受けるので、職員は当該命令に従わなければならない。

正解　4

《問題58》————職務上の命令②

難易度　★★

　地方公務員法上の職務上の命令に関する記述として、正しいものはどれか。

1　職務命令は、文書で行われることが要件とされており、口頭で行われた場合には、これに従わなくても、職務命令違反には当たらない。

2　職員は、重大かつ明白な瑕疵を有する上司の職務命令に従った場合であっても、その行為及びそれによって生じた結果について、責任を問われることはない。

3　職員は、職務を遂行するに当たって、法令及び条例のほか、地方公共団体の規則及び同機関の定める規程に従うとともに、上司の職務上の命令に忠実に従わなければならないこととされており、法令でない訓令にも従わなければならない。

4　職員は、任命権者が労働基準監督機関の許可を得ないで行った宿日直勤務の命令には従う必要はなく、これを拒否した場合でも懲戒処分を行われることはない。

5　職員は、上司の職務上の命令の適法性を自己の判断により判断することができ、違法と判断した場合には、当該職務上の命令に従う必要はない。

●解説

　職務命令には、職務上の命令（職務の遂行に直接関係する命令）と身分上の命令（職員たる身分に対してなされる命令）の２種類がある。

1　誤り。職務命令は、文書で行われても口頭で行われても、いずれも有効であり、どちらで行うかについて特段の制限は設けられていない。

2　誤り。重大かつ明白な瑕疵を有する命令は、無効な職務命令であるので、それに従う必要はない。無効な職務命令に従った場合、当該職員は、その行為及びそれによって生じた結果について責任を負わなければならない。

3　正しい(法32条)。法令でない訓令にも従う義務がある。

4　誤り。職員に対して宿日直を命ずる場合には、労働基準監督機関の許可を得なくてはならない（労働基準法施行規則23条）が、当該手続を経ないで職員に宿日直の勤務を命じ、職員がその命令を拒否した場合でも、その職員に対して懲戒処分を行うことができる（行実昭33.5.2）。

5　誤り。職務命令に重大かつ明白な瑕疵がある場合には、部下はこれに従う義務はないが、職務命令に取消しの原因となる瑕疵があるにとどまるとき、あるいは有効な命令であるか疑義があるにすぎない場合には、当該職務命令は有効であるとの推定を受ける。

正解　3

《問題59》————職務上の命令③

難易度　★

　地方公務員法上の職務上の命令に関する記述として、正しいものはどれか。

1　職員は、上司からの職務上の命令について、自分の考えと異なる場合は意見を述べることができるが、いかなる場合であってもその命令に従わなければならない。

2　職務命令は、文書により行わなければならず、その手続及び形式は条例により定めることとされている。

3　上司の職務上の命令に取り消し得べき瑕疵がある場合、あるいは有効な命令かどうか疑わしい場合、職員は、その命令が権限のある機関によって取り消されるまでは、命令に従う義務を負うとされている。

4　職務命令は、職務の遂行を内容とするものに限られているため、職務の必要があったとしても居住場所の制限などの生活上の制限に及ぶことはない。

5　職員は、職務遂行に当たって上司の職務命令に違反した場合には、懲戒処分の対象になるとともに、地方公務員法に規定する罰則の適用を受ける。

●解説

　職務命令が有効に成立するためには、①権限ある上司から発せられたものであること、②職務上の命令は、その職員の職務に関するものであること、③法律上許された内容のものであること、④事実上実行可能なものであること、を満たす必要がある。

1　誤り。職務命令に重大かつ明白な瑕疵がある場合には、当該命令は無効であり、部下はこれに従う義務はない。

2　誤り。職務命令は要式に定めのある行為ではなく、文書と口頭のいずれで行うかは自由である。

3　正しい。当該命令は有効であるとの推定を受け、職員はそれが権限ある機関により取り消されるまでは、従う義務がある。ただし、疑義がある旨の意見の申入れは可能である。

4　誤り。職務の遂行上必要があると認められる限り、特定の職員に職務の必要上公舎に居住するよう命ずることも可能である。また、必要があれば、名札の着用についての職務命令を発することもできる（行実昭39.10.1）。

5　誤り。罰則の適用はない。

正解　3

《問題60》————職務上の命令④

難易度 ★

　地方公務員法上の職務上の命令に関する記述として、正しいものはどれか。

1　職務命令が有効であるためには、法律上又は事実上可能なものでなければならないので、消滅した物権の収用を命ずる職務命令は無効である。

2　職員は、階層的に上下の関係にある複数の上司から同一事項についての職務命令が発せられ、それらが矛盾する場合、直近の上司の職務命令に拘束される。

3　職員は、職務上の上司からの命令が重大かつ明白に違法である場合、意見を述べることはできるが、その命令には従わなければならない。

4　職務命令が有効であるためには、当該職務命令が文書によってなされなければならず、規則等において定めのない限り、口頭によって行われた職務命令は無効である。

5　職務命令が有効に成立するためには、当該職務命令が部下の所掌事務に関するものでなければならないので、定められた制服の着用命令は無効である。

●解説

　職務命令に重大かつ明白な瑕疵があった場合、当該職務命令は当然に無効であり、部下はこれに従う義務はない。従った場合、その行為及びそれによって生じた結果について当該職員は責任を負うこととなる。

1　正しい。

2　誤り。上位の上司の職務命令が優先し、その限りで直近の上司の命令は効力を生じない。

3　誤り。重大かつ明白な瑕疵を有する上司の職務命令は当然に無効となり、当該職務命令に従う義務はない。

4　誤り。口頭によって行われてもよい。

5　誤り。職務の遂行上必要があると認められる限り、名札の着用について職務命令を発することができる（行実昭39.10.1）とされており、定められた制服の着用を命ずることも可能である。

正解　1

《問題61》──信用失墜行為の禁止①

難易度　★

地方公務員法上の信用失墜行為の禁止に関する記述として、正しいものはどれか。

1　職務の信用及び名誉を守る義務は、職務遂行中のみに課せられる義務である。

2　人事委員会は、信用失墜行為に該当する行為についての一般的な基準を定めなければならない。

3　信用失墜行為に該当する行為についての一般的な基準はなく、社会通念に照らし、個別具体的に判断していく。

4　職員の職の信用を傷つけ、又は職員の職全体の不名誉となるような行為を行うよう職員に求め、そそのかし、若しくはあおった者は、懲役又は罰金に処する。

5　職員が破廉恥罪を犯した場合、懲戒処分の対象となるが、それ以外の場合は、懲戒処分の対象とならず訓告や口頭注意などを受けるにとどまる。

●解説

　職員は、その職の信用を傷つけ、又は職員の職全体の不名誉となるような行為をしてはならない（法33条）。
　非行の内容は、犯罪行為に限られたものではなく、社会通念に基づき非行であると判断されるものは、地方公務員法に規定する信用失墜行為に該当する。

1　誤り。職務遂行中のみに限られず、直接職務とは関係ない行為や勤務時間外の行為も含まれる。

2　誤り。人事委員会が定めなければならないとの規定はない。

3　正しい。どのような行為が職員の職の信用を傷つけ、又は職全体の不名誉な行為に該当するかは、社会通念に基づき個々のケースに応じて具体的に判断していくこととなる。

4　誤り。懲戒処分（法29条1項3号）の対象となる場合はあるが、罰則適用はない。

5　誤り。破廉恥罪以外の場合でも、懲戒処分の対象となる。

正解　3

《問題62》———信用失墜行為の禁止②

難易度　★★

地方公務員法上の信用失墜行為の禁止に関する記述として、正しいものはどれか。

1　職員が信用失墜行為の禁止に違反したときは、その違反した行為が職務に関連する場合は懲戒処分の対象となる。

2　職員が信用失墜行為の禁止に違反したときは、その違反した行為が職務に関連しない場合は分限処分の対象となる。

3　職員が信用失墜行為の禁止に違反したときは、その違反した行為が職務に関連しない行為であっても、懲戒処分の対象となることがある。

4　職員が信用失墜行為の禁止に違反したときは、その違反した行為が職務に関連する場合は地方公務員法上の罰則が適用される。

5　職員が信用失墜行為の禁止に違反したときは、その違反した行為が刑法に抵触する場合に限り、地方公務員法上の罰則が適用される。

●解説

　懲戒処分は職員に一定の義務違反に対する道義的責任を問うことにより公務における規律と秩序を維持することを目的とする処分であるので、信用失墜行為は、懲戒処分の対象となる場合がある。

1　誤り。信用失墜行為とは当該職員が占めている職の信用を毀損することであり、直接職務に関係ない行為もこれに含まれる。

2　誤り。分限処分の対象とはならない。

3　正しい。

4　誤り。信用失墜行為の禁止に違反した場合であっても、地方公務員法の罰則規定の適用はない。

5　誤り。信用失墜行為の禁止に違反し、かつ、当該行為が刑法に抵触するものであったとしても、地方公務員法の罰則規定の適用はない。

正解　3

《問題63》─── 信用失墜行為の禁止③

難易度　★

　地方公務員法に定める信用失墜行為の禁止に関する記述として、正しいものはどれか。

1　信用失墜行為の禁止に該当する行為には、職務の遂行に直接関係のない職員個人の行為は含まれない。

2　職員は、その職の信用を傷つけ、又は職員の職全体の不名誉となるような行為をしてはならないが、地方公務員法には、当該行為の具体的な内容についての定めはない。

3　公務員の職権濫用は、刑法上の罪に問われるため、信用失墜行為には該当しない。

4　来庁者に対して著しく粗暴な態度を取るという常識に反する言動や行為は、職務上の命令に従う義務には違反するが、信用失墜行為には該当することはない。

5　職員が信用失墜行為の禁止に違反したときは、地方公務員法の罰則の規定に基づき処罰される。

●解説

　どのような行為が信用失墜行為の禁止に該当する行為かについては、法に定めはなく、また、一般的な基準はなく、社会通念に基づき、個々のケースに応じて具体的に判断される。

1　誤り。職務の遂行に直接関係のない職員個人の行為も信用失墜行為に当たり得る。

2　正しい。

3　誤り。職権濫用や収賄のような犯罪行為も信用失墜行為に含まれる。

4　誤り。肢のような行為も信用失墜行為に当たり得る。なお、他の服務規律に違反しない行為であっても、その行為によって職全体への信用を損なったり、職員の職全体の不名誉となるものであれば、信用失墜行為に含まれる。

5　誤り。信用失墜行為の禁止に違反した場合、懲戒処分の対象となるが、地方公務員法上、これについての罰則の定めはない。行為そのものが刑法その他の法令により処罰されることはあっても、地方公務員法を根拠に処罰されることはない。

正解　2

《問題64》───秘密を守る義務①

難易度　★

地方公務員法上の秘密を守る義務に関する記述として、正しいものはどれか。

1　職員は、職務上知り得た秘密を守る義務を有するが、その秘密には、公的秘密は含まれるが、個人的秘密は含まれない。

2　職員は、職務上知り得た秘密を守る義務を有するが、退職した職員にはこのような義務はない。

3　職員は、職務上知り得た秘密を守る義務を有するが、その秘密は、職員の職務上の所管に属する秘密のみを指す。

4　職員は、職務上知り得た秘密を不特定多数の相手に漏らすことは禁じられているが、特定の人に口頭で伝えることは禁じられていない。

5　職員は、その職を退いた後に法令による証人又は鑑定人として職務上の秘密を発表する場合、その退職した職又はそれに相当する職に係る任命権者の許可を受けなければならない。

●解説

「職務上知り得た秘密」とは、職員の職務上の所管に属する秘密のほかに、職員がその職務に関連して知ることができた秘密が含まれる。

1　誤り。職務上知り得た秘密には、個人的秘密も含まれる（法34条1項）。

2　誤り。職務上知り得た秘密を守る義務は、退職した職員についても適用される。

3　誤り。職務上知り得た秘密とは、職務執行上知り得た秘密を指し、職務上の所管に属するものにとどまらない（行実昭30.2.18）。

4　誤り。職員は職務上知り得た秘密を漏らしてはならず、対象、手段の別はない（法34条1項）。

5　正しい。法34条2項。

正解　5

《問題65》───秘密を守る義務②

難易度 ★★

　地方公務員法上の秘密を守る義務に関する記述として、正しいものはどれか。

1　職員であった者は、退職後に、在職中に知り得た秘密を漏らしても、懲戒処分の対象にならず、刑事罰にも問われることはない。

2　職務上知り得た秘密を漏らす行為を企て、命じ、故意にこれを容認し、そそのかし、又はそのほう助をした職員は、刑罰の対象にはならないが、懲戒処分の対象にはなる。

3　職員だった者は、法令による証人、鑑定人等として職務上の秘密を発表する場合、退職した職又はこれに相当する職に係る任命権者の許可を受けなければならない。

4　職員が職務上知り得た秘密を漏らした場合には、刑罰の対象にはならないが、懲戒処分の対象にはなる。

5　秘密とは、一般的に了知されていない事実であって、それを一般に了知せしめることが一定の利益の侵害になると客観的に考えられるものをいい、その判断は専ら任命権者が行う。

●解説

　職員が守秘義務に違反して秘密を漏らした場合には、懲戒処分の対象となるとともに、1年以下の懲役又は50万円以下の罰金に処せられる（法60条2号）。また、秘密を漏らすことを企て、命じ、故意に容認し、そそのかし、又はそのほう助をした者も同様の刑罰に処せられる（法62条）。

1　誤り。懲戒処分の対象とはならないが、刑罰の適用はある（法60条2号）。

2　誤り。刑罰の対象となる（法62条）。

3　正しい。法34条2項。

4　誤り。懲戒処分及び刑罰の適用の対象となる。

5　誤り。前段は正しい（行実昭30.2.18）。客観的に実質的秘密であるかどうかの最終的判断は、裁判所において司法判断を受ける。

《問題66》────秘密を守る義務③

難易度　★

地方公務員法に定める秘密を守る義務に関する記述として、正しいものはどれか。

1　秘密であることを明示してある文書は、地方公務員法に定める秘密に該当するため、実質的に秘密であるか否かの最終的な客観的判断は不要と解されている。

2　職員は、職務上知り得た秘密を漏らしてはならず、このことは、その職を退いた後も同様である。

3　秘密に関する文書を外部の者が読んでいるのを、その文書の管理責任者が故意に黙認することは、秘密を漏らすことにはならないと解されている。

4　法令による証人、鑑定人等となり、職務上知り得た秘密に属する事項を発表する場合においては、任命権者の許可を受けなければならない。

5　離職した者が秘密を漏らしたときは、懲戒処分の対象となるとともに、地方公務員法の規定により刑事罰の対象にもなる。

◉解説

　発表に際して任命権者の許可を要するのは、「職務上の秘密」である。これは、職務の所管に属する秘密であり（行実昭30.2.18）、職員に守秘義務がかかる「職務上知り得た秘密」の一部である。

1　誤り。法にいう「秘密」とは、一般的に了知されていない事実であって、それを一般に了知せしめることが一定の利益の侵害になると客観的に考えられるものとされている（行実昭30.2.18）。また、判例は、実質的にもそれを秘密として保護するに値すると認められるもの（実質秘）でなければならないとしている（昭和52年12月19日最高裁決定）。官公庁が秘密として指定したもの（形式秘）については、客観的に実質秘であるか否かの最終判断は司法判断によることになる。

2　正しい。法34条1項。

3　誤り。秘密の漏洩を故意に容認し、又はほう助した者は、秘密を漏らした場合と同様に処罰されることとなっている（法60条2号、62条）。

4　誤り。発表について任命権者の許可を要するのは、「職務上の秘密」である（法34条2項）。

5　誤り。離職した者の秘密漏洩は、懲戒処分の対象とはならない。刑事罰の対象となる点は、正しい（法60条2号）。

正解　2

《問題67》——秘密を守る義務④

難易度 ★★

地方公務員法上の秘密を守る義務に関する記述として、正しいものはどれか。

1　職員は、自ら担当する職務の執行において知った秘密を守る義務があるが、職務の執行に関連して知った秘密で自己の所管外のものについては守る義務がない。

2　職員は、職務上知り得た秘密で職務上の秘密でないものについては、法令による証人、鑑定人等となり、これを発表する場合に任命権者の許可を受ける必要がない。

3　任命権者は、秘密を公表することが公の利益を害すると判断される場合であっても、条例及び規則に定めがある場合を除くほか、秘密の公表を拒否することはできない。

4　普通地方公共団体の議会が、職員を証人として職務上の秘密に属する事項について発表を求める場合、任命権者は職員が当該発表をすることについて承認を拒むことができない。

5　人事委員会の権限によって行われる調査、審査は、国家公務員法100条4項の規定が準用されるので、秘密に属する情報の陳述を行う場合に、誰からの許可も受ける必要がない。

●解説

　職員又は職員であった者が、法令による証人、鑑定人等と
なり、職務上の秘密に属する事項を発表する場合においては、
任命権者の許可を受けなければならない。

1　誤り。職務上知り得た秘密には、教員が児童の家庭訪問
　　の際に知った家庭の私的な事情のように、所管外であっ
　　ても職務執行上知り得た秘密等も含まれる。

2　正しい。職務上知り得た秘密で職務上の秘密ではないも
　　のは、許可を受ける必要はない（法34条2項）。

3　誤り。任命権者が許可を与えることを拒むことができる
　　のは、法律に特別の定めがある場合のみである（法34条
　　3項）。

4　誤り。任命権者は、承認を拒むときは、その理由を疏明
　　して、職員に当該発表の許可を与えないことができる（地
　　方自治法100条4項）。

5　誤り。人事委員会の権限によって行われる調査、審理に
　　関して、職員が秘密に属する事項を発表する場合には、
　　国家公務員法100条4項の人事院の権限に相当するもの
　　は人事委員会には与えられていないので、任命権者の許
　　可を必要とする（行実昭26.11.30）。

正解　2

《問題68》————秘密を守る義務⑤

難易度 ★★

地方公務員法上の秘密を守る義務に関する記述として、正しいものはどれか。

1 職員は、職務上知り得た秘密を守る義務に違反した場合、懲戒処分と刑罰のいずれの対象にもなるが、秘密を漏らすことをそそのかした者は、刑罰の対象とはならない。

2 職員が裁判所で証人となって職務上の秘密を発表する場合、司法手続における真実追求の重要性から、任命権者の許可を得ることなく職務上の秘密を発表することができる。

3 職員が職務上の秘密を漏らしたときは、1年以下の懲役又は50万円以下の罰金に処せられるが、職員が秘密を漏らすことを容認した者に対して罰則が適用されることはない。

4 秘密とは、官公庁が秘密扱いの指定をしただけでは足りず、実質的にもそれを秘密として保護するに値すると認められるものをいう。

5 人事委員会又は公平委員会の委員がその職務上知り得た秘密を漏らして刑に処せられた場合、地方公共団体の長は議会の同意を得てその委員を罷免しなければならない。

●解説

　職員が法令による証人、鑑定人等として職務上の秘密を発表する場合には、任命権者は法律に特別の定めがある場合以外は、職務上の秘密に属する事項の発表の許可を与えなければならない。

1　誤り。秘密を漏らすことをそそのかした者も刑罰の対象となる（法62条）。

2　誤り。裁判所で証人となって職務上の秘密を発表する場合であっても、任命権者の許可を受けなければならない（法34条 2 項）。

3　誤り。後半の「容認した者」も刑罰の対象となり得る（法62条）。なお、職員の処罰についての記述は正しい（法60条 2 号）。

4　正しい。最判昭52.12.19。

5　誤り。人事委員会又は公平委員会の委員が職務上知り得た秘密を漏らしたことにより刑に処せられた場合には、欠格条項に該当する（法16条 3 号）ため、議会の同意を得て罷免するまでもなく、当然に失職する（法 9 条の 2 第 8 項）。

正解　**4**

《問題69》──職務専念義務①

難易度　★

地方公務員法に定める職務専念義務に関し、職務に専念する義務が免除される定めが地方公務員法にあるものとして、正しいものはどれか。

1　年次有給休暇

2　職員団体と地方公共団体の当局との間の適法な交渉

3　週休日

4　国民の祝日に関する法律に規定する休日

5　研修を受ける場合

●解説

　職務に専念する義務は、服務の根本基準（法30条）の内容を具体化したものである。義務が及ぶのは勤務時間中（休日勤務や超過勤務を命じられて、これに服する時間を含む）である。休憩時間には発生しない。

　職務専念義務は、法律又は条例に特別の定めがある場合に免除される。

(1)法律に特別の定めがある場合の主なもの

　　地方公務員法では、①分限休職、②懲戒停職、③任命権者の許可を受けた在籍専従、④職員団体が勤務時間中に行う適法交渉への参加、⑤修学部分休業、高齢者部分休業、自己啓発休業、配偶者同行休業がある。

　　他法では、労働安全衛生法に基づく病者の就業禁止、労働基準法に基づく年次有給休暇、産前産後休暇、育児時間、生理休暇など、地方公務員育児休業法等などによる育児、介護休業などがある。

(2)条例に特別の定めがある場合の例

　①職員の勤務時間、休暇等に関する条例に定める休日、休暇、休息時間（例：国民の祝祭日、年末年始の休日、夏季休暇）

　②法35条を直接の根拠とする条例で定めた場合（例：研修を受ける場合）

1　誤り。労働基準法に基づく。

2　正しい。法55条8項。

3～5　誤り。

正解　2

《問題70》―――職務専念義務②

難易度　★

　地方公務員法上の職務専念義務に関する記述として、正しいものはどれか。

1　職員は、職員団体の在籍専従職員として任命権者から許可を受けた場合、別途、職務専念義務の免除を受けなければ、職員団体の業務に専ら従事することができない。

2　職員は、懲戒処分によって停職にされた場合には、当然に職務専念義務を免除される。

3　職員が専念すべき職務は、当該地方公共団体の自治事務に限定され、法令により国から処理を委任された事務はこれに含まれない。

4　職員は、勤務時間内の営利企業等の従事について任命権者の許可を受けたときは、別に職務専念義務の免除又は年次有給休暇の申請を行う必要はない。

5　職員が、不利益処分に対する審査請求を勤務時間中に行う場合、職務専念義務は当然に免除される。

●解説

　職務専念義務を免除されるのは、法律又は条例に定めのある場合である。また、職務専念義務の免除と営利企業等への従事制限は、どちらか一方の承認が他方へ当然に影響を与えるものではなく、個々に任命権者の判断を要するものである。

1　誤り。許可を受けた者は、休職者として取り扱われる（法55条の2第5項）ので、別途、職務専念義務の免除を得る必要はなく専ら職員団体の業務に従事することができる。

2　正しい。法29条。

3　誤り。当該地方公共団体がなすべき責を有する職務には、法令により国から処理を委任された法定受託事務も含まれる。

4　誤り。職務専念義務の免除と営利企業等の従事許可とは性質が異なるものであるため、個々に任命権者の判断を要することになる。したがって、別途、職務専念義務の免除や年次有給休暇の取得の申請を行う必要がある。

5　誤り。勤務時間中に、勤務条件の措置に関し要求すること、不利益処分の審査請求をすることは、法律又は条例に特別の定めがない限り、法的には職務に専念する義務に関する規定に抵触するものと解する（行実昭27.2.29）。

正解　2

《問題71》───職務専念義務③

難易度★★★

　地方公務員法上の職務専念義務に関する記述として、正しいものはどれか。

1　職員は、勤務時間中に職員団体の活動に従事することについての職務専念義務の免除の承認を受けた場合、条例で定める場合以外は給与の支給を受けることはできない。

2　営利企業に従事しようとする職員は、従事する時間が勤務時間外であっても、営利企業への従事の許可と併せて、職務専念義務の免除の承認を受けなければならない。

3　職員が勤務条件に関する措置の要求をすることは職員の身分保障に係る権利であるので、勤務時間中に行う場合には、当然に職務専念義務が免除される。

4　職員団体が勤務時間中に適法な交渉を行う場合において、職員団体が指名した職員は、職務専念義務の免除の承認を受けるまでもなく、当然に免除されることとなる。

5　職員が職務に専念する義務を負うのは、地方公共団体の自治事務に限定され、法定受託事務や他の地方公共団体から委託された事務についてはその義務はない。

◉解説

　職務専念義務を課せられるのは、専ら勤務時間のみである。なお、「勤務時間」には、正規に割振られた勤務時間のほかに、時間外勤務・週休日の勤務・休日勤務・宿日直勤務を命じられて、これに服する時間も含まれる。

1　正しい。

2　誤り。勤務時間外であれば、改めて職務専念義務の免除の承認を受ける必要はない。職員が職務専念義務を課せられるのは、専ら勤務時間中のみである（行実昭26.12.12）。

3　誤り。勤務時間中に、勤務条件の措置に関し要求すること、不利益処分の審査請求をすることは、法律又は条例に特別の定めがない限り、法的には職務に専念する義務に関する規定に抵触するものと解する（行実昭27.2.29）。

4　誤り。当然に職務専念義務が免除されるわけではなく、各職員が、職務専念義務の免除の承認を受けなければならない（行実昭41.6.21）。

5　誤り。職員は、当該地方公共団体がなすべき責を有する職務にのみ従事しなければならない（法35条）。

正解　1

《問題72》——職務専念義務④

難易度 ★★

地方公務員法上の職務専念義務に関する記述として、正しいものはどれか。

1　職員は、条例で定める正規の勤務時間中にのみ職務専念義務が課され、時間外勤務や休日勤務を命じられて勤務する時間にはこの義務を負わない。

2　職員が、国家公務員の職を兼ねる場合、それ自体が勤務時間や職務上の注意力の一部を割くことが前提となっているので、別途、職務専念義務の免除の承認を受ける必要はない。

3　職員は、研修の受講や、厚生計画の実施への参加などについて、条例に特別の定めがある場合には、あらかじめ任命権者の許可を得て、職務専念義務を免除されることができる。

4　職員は、休職処分により職務専念義務を免除された期間については、原則として、営利企業に従事するに当たって任命権者の許可を受ける必要はない。

5　職員が、職務専念義務に違反した場合、当該職員は、懲戒処分の対象となるほか、地方公務員法に定める罰則の対象ともなる。

●解説

　職務専念義務は、①勤務時間及び職務上の注意力の全てを
その職務遂行のために用いること、②当該地方公共団体がな
すべき責を有する職務の遂行にのみ従事すること、を指す。
　肢を参考に、例外となる事項を確認しておくこと。

1　誤り。時間外勤務や休日勤務、宿日直勤務を命ぜられた
　時間も勤務時間に含まれるため、職務専念義務が課され
　る。

2　誤り。兼職の許可と職務専念義務の免除とは性質が異な
　るものであるので、この場合、別途、職務専念義務の免
　除について任命権者から承認を得なくてはならない。

3　正しい。法律又は条例に特別の定めがある場合は、職務
　専念義務の適用が除外される（法35条）。

4　誤り。(刑事)休職中の職員も営利企業に従事する場合、
　許可が必要である（行実昭43.7.11）。なお、パートタイ
　ムの会計年度任用職員など一部の非常勤職員は、そもそ
　も、営利企業への従事等の制限の対象外となっている。

5　誤り。職務専念義務に違反した職員は、懲戒処分の対象
　とはなる（法29条）が、罰則の対象とはならない。

正解　3

《問題73》—— 政治的行為の制限①

難易度　★

地方公務員法上の政治的行為の制限に関する記述として、正しいものはどれか。

1　職員の政治的行為の制限は、職員の政治的中立性を保障することにより、行政の公正な運営の確保と職員の利益を保護することを目的としている。

2　一般職の職員のうち、非常勤職員は政治的行為の制限や争議行為の禁止等の規定は適用されない。

3　地方公共団体は、条例で、法律に規定されている事項以外の政治的行為の制限を定めることはできない。

4　政治的行為の制限は、職員としての身分を有する限りにおいて守るべき義務とされており、その適用は、勤務時間内に限られる。

5　職員の政治的行為の制限は、地方公営企業の全ての職員についても一般行政職員と同様に適用される。

●解説

　職員の政治的行為を制限する目的は、行政の公正な運営の確保と職員の利益の保護である。

1　正しい。法36条5項。

2　誤り。非常勤職員であっても一般職に属する限り、法の適用を受ける（法4条1項）ので、政治的行為の制限や争議行為の禁止等の規定は適用される。

3　誤り。条例で定める政治的行為についても制限は可能である（法36条2項5号）。

4　誤り。政治的行為の制限は、勤務時間の内外を問わず、職員としての身分を有する限り守るべき義務である。

5　誤り。公営企業職員については、原則として法36条（政治的行為の制限）の規定は、適用されない（地方公営企業法39条2項）。

正解　1

《問題74》—— 政治的行為の制限②

難易度 ★★

地方公務員法上の政治的行為の制限に関する記述として、正しいものはどれか。

1 政党その他の政治的団体の結成に関与し、又はこれらの団体の役員となった者を職員として採用した場合、この採用行為は無効である。

2 職員は、いかなる区域においても、特定の政治的目的をもって、寄附金その他の金品の募集に関与してはならない。

3 職員は、いかなる区域においても、政党その他の政治的団体の結成に関与し、又はこれらの団体の役員となってはならない。

4 職員が、法律の制定自体に反対する目的をもって、署名運動を企画し、又は主宰する等これに積極的に関与することは、政治的行為の制限に抵触する。

5 職員は、公の選挙又は投票における勧誘運動は禁止されているが、選挙公報に推薦人として名を連ねる行為までは禁止されていない。

●解説

　職員の政治的行為は、当該職員の属する地方公共団体の区域（当該職員が政令指定都市の区又は総合区に勤務する者であるときは、当該区又は総合区の所管区域）の内外によって制限を受けるか否かが異なる。例えば、政党その他の政治団体の結成等に関与する行為を行うことは、区域の限定なく禁止されているが、特定の政治的目的をもって寄附金その他の金品の募集に関与することは、当該職員の属する地方公共団体の区域外では禁止されていない。

1　誤り。政党その他の政治的団体の結成等に関与することは懲戒処分の対象となる（法36条1項）が、欠格条項には該当しない。

2　誤り。特定の政治的目的をもって、寄附金その他の金品の募集に関与することは、当該職員の属する地方公共団体の区域外においては行うことができる（法36条2項ただし書・3号）。

3　正しい。法36条1項。

4　誤り。職員が単に法律の制定自体に反対する目的をもって、署名運動を企画し、又は主宰する等これに積極的に関与した場合は、特定の政党又は内閣等の字句を使用した場合でも、政治的行為の制限に抵触しない（行実昭27.7.29）。

5　誤り。当該行為も勧誘活動に該当する（行実昭37.7.11）。

正解　3

《問題75》── 政治的行為の制限③

難易度　★

　地方公務員法上の政治的行為の制限に関する記述として、正しいものはどれか。

1　職員の政治的行為の制限は、単純労務職員及び地方公営企業に従事する職員にも適用される。

2　職員の政治的行為の制限は、現に勤務に従事していない休職中又は停職中の職員には適用されない。

3　地方公営企業に従事する職員は、在職のままで公職の候補となることは公職選挙法により禁止されている。

4　職員が単に法律の制定自体に反対するために、署名運動を企画し、又は主宰する等これに積極的に関与した場合に特定の政党又は内閣の字句を使用することは、禁止される政治的行為に該当しない。

5　職員の政治的行為の制限は、在籍専従の許可を受けた職員が職員団体の行動の一環として行った行為には適用されない。

●解説

　地方公務員の政治的行為の制限に違反した場合、懲戒処分の対象とはなるが、刑罰の適用は受けない。

1　誤り。単純労務職員及び地方公営企業に従事する職員については、それぞれに特例規定があるため、地方公務員法上の政治的行為の制限に関する規定は適用されない（地方公営企業法39条2項、地方公営企業等の労働関係に関する法律附則5項）。

2　誤り。政治的行為の制限は身分上の義務とされており、地方公務員としての身分を有する限りにおいて、現に職務に従事していない休職中又は停職中であっても適用される。

3　誤り。地方公営企業の課長（これに相当する一定の職を含む）以上の主たる事務所における職にある者以外の企業職員は、在職のままで公職の候補となることができる（公職選挙法89条1項5号、同施行令90条3項）。

4　正しい。行実昭27.7.29。

5　誤り。職員団体の業務に専ら従事する職員も法36条2項各号に掲げる政治的行為の制限を受ける（行実昭26.3.9）。

正解　4

《問題76》———政治的行為の制限④

難易度　★★

地方公務員法上の政治的行為の制限に関する記述として、正しいものはどれか。

1 職員は、政党その他の政治的団体の結成に関与してはならず、いかなる場合であっても、これらの団体の構成員となってはならない。

2 職員が、政党その他の政治的団体の結成に関与することは、職員の属する地方公共団体の区域においてのみ禁止されている。

3 職員が、政党その他の政治的団体の構成員となるように、又はならないように不特定多数の者に対して勧誘運動を行うことは、職員の属する地方公共団体の区域においてのみ禁止されている。

4 職員が、公の選挙又は投票において投票をするように、又はしないように勧誘運動を行うことは、職員の属する地方公共団体の区域の内外を問わず禁止されている。

5 職員が、文書又は図画を地方公共団体又は特定地方独立行政法人の庁舎、施設等に掲示することは、職員の属する地方公共団体の区域の内外を問わず禁止されている。

●解説

　職員の政治的行為は、当該行為が、政治的団体への関与か、政治的意図による行為かによって制限される区域が異なる。
　なお、教育公務員は、いずれの区域においても政治的行為を行うことが禁止されている（教育公務員特例法18条1項）。

1　誤り。職員は、政党その他の政治的団体の結成に関与し、又はこれらの団体の役員となってはならない（法36条1項）が、政治的団体の構成員となること自体は禁止されていない。

2　誤り。職員が、政党その他の政治的団体の結成に関与することは、職員の属する地方公共団体の区域の内外を問わず禁止されている（法36条1項）。

3　誤り。職員が、政党その他の政治的団体の構成員となるように、又はならないように勧誘運動を行うことは、職員の属する地方公共団体の区域の内外を問わず禁止されている（法36条1項）。

4　誤り。職員が、公の選挙又は投票において投票をするように、又はしないように勧誘運動をすることは、職員の属する地方公共団体の区域内でのみ禁止されている（法36条2項ただし書・1号）。

5　正しい。法36条2項4号。

正解　**5**

《問題77》──政治的行為の制限⑤

難易度 ★★

地方公務員法上の政治的行為の制限に関する記述として、正しいものはどれか。

1　職員が、特定の政治的目的をもって、寄附金その他の金品の募集に関与することは、職員の属する地方公共団体の区域内でのみ禁止されている。

2　職員が、特定の政治的目的をもって、文書又は図画を地方公共団体の庁舎、施設等に掲示することは、職員の属する地方公共団体の区域内でのみ禁止されている。

3　職員は、政党その他の政治的団体の結成に関与してはならないが、これらの団体の役員になることは、職員の属する地方公共団体の区域内でのみ禁止されている。

4　職員が、政党その他の政治的団体の構成員になるように、又はならないように勧誘運動をすることは、職員の属する地方公共団体の区域内でのみ禁止されている。

5　職員団体が政治的活動を行うことは禁止されていないため、職員団体の業務に専ら従事するため休職となっている職員が、職員団体の行動の一環として政治的行為を行うときは、当該職員は政治的行為の制限を受けない。

●解説

地方公務員法36条2項1〜5号に挙げられている具体的な政治的行為については、それぞれ政治的行為が制限される区域を正確に記憶しておくこと。その他、求職中の適用関係にも注意。

1　正しい。職員が、特定の政治的目的をもって、寄附金その他の金品の募集に関与することは、職員の属する地方公共団体の区域内においてのみ禁止されている（法36条2項ただし書・3号）。

2　誤り。職員が、文書又は図画を地方公共団体の庁舎、施設等に掲示することは、職員の属する地方公共団体の区域の内外を問わず禁止されている（法36条2項4号）。

3　誤り。職員が、政党その他の政治的団体の結成に関与することや、これらの団体の役員となることは、職員の属する地方公共団体の区域の内外を問わず禁止されている（法36条1項）。

4　誤り。職員が、政党その他の政治的団体の構成員となるように、又はならないように勧誘運動をすることは、職員の属する地方公共団体の区域の内外を問わず禁止されている（法36条1項）。

5　誤り。いわゆる在職専従の間も、政治的行為の制限を受ける。

正解　1

《問題78》────争議行為等の制限①

難易度 ★

地方公務員法上の争議行為等の制限に関する記述として、正しいものはどれか。

1 争議行為等が禁止されているのは、地方公務員法に定める常勤職員のみであり、地方公務員法に定める非常勤職員については禁止されていない。

2 争議行為が禁止されているのは非現業の職員であり、地方公営企業の職員は争議行為を禁止されていない。

3 組合の役員である者が、争議行為を企て、又はその遂行を共謀し、そそのかし、若しくはあおった場合、当該行為は、争議行為等の禁止の規定に抵触する。

4 争議行為等を実行した者は、罰則の対象となるだけでなく、懲戒処分の対象となる。

5 地方公務員も憲法28条の勤労者として労働基本権が保障されているので、実行することが許される争議行為もあり得る。

●解説

　職員も勤労者であるから憲法28条の労働基本権の保障は受けるが、職員が争議行為を行うことは、住民に重大な影響を及ぼすことから、職員の争議行為等は全面的に禁止することとされている。

1　誤り。法の規定は、一般職に属する全ての地方公務員に適用する（法4条1項）とされており、争議行為等の禁止に関する規定において非常勤を除外する特別の定めもないため、常勤・非常勤を問わず適用される。

2　誤り。地方公営企業職員及び単純労務職員も、争議行為が禁止されている（地方公営企業等の労働関係に関する法律11条1項、附則5項）。

3　正しい。行実昭28.9.24。

4　誤り。争議行為等を実行した者には、罰則は定められていない。争議行為等を共謀し、そそのかし、若しくはあおり、又は争議行為等を企てた者は、職員であるかどうかを問わず、罰則の適用がある（法62条の2）。

5　誤り。地方公務員は全体の奉仕者として勤務するという地位を有し、また、その職務の内容は公共的性質を持つものであるため、争議行為等については全面的に禁止される。

正解　3

《問題79》── 争議行為等の制限②

難易度 ★★

地方公務員法上の争議行為等の制限に関する記述として、正しいものはどれか。

1 職員ではない者は、同盟罷業、怠業その他の争議行為の遂行を共謀し、そそのかし、若しくはあおり、又はこれらの行為を企てても刑罰に処せられることはない。

2 職員は、地方公共団体の機関の活動能率を低下させる怠業的行為を行った場合にのみ、刑罰に処せられる。

3 職員は、争議行為を実行した場合、その行為に対して、刑事責任を問われることはない。

4 職員は、争議行為を実行したことによって地方公共団体に損害を与えた場合には、その損害に対しての民事責任を問われることがない。

5 職員の争議行為等をそそのかし、又はあおった場合であっても、争議行為等が実行されなければ、当該行為を理由として刑罰に処せられることはない。

●解説

　争議行為等を実行した者については、罰則は定められていないが、争議行為等を共謀し、そそのかし、若しくはあおった者又は争議行為等を企てた者は、職員であるかどうかを問わず、罰則が科される。

1　誤り。何人たるを問わず、争議行為等の遂行を共謀し、そそのかし、若しくはあおり、又はこれらの行為を企てた者は、刑罰に処せられる（法62条の2）。

2　誤り。争議行為を実行する行為には、刑罰の適用はない。

3　正しい。2の解説のとおり。

4　誤り。民事上の不法行為責任（民法709条）が成立する。

5　誤り。法62条の2の刑罰を適用するに当たっては、実際に争議行為等が実行されることを必要としない。

《問題80》──── 争議行為等の制限③

難易度　★

地方公務員法上の争議行為等の制限に関する記述として、正しいものはどれか。

1　職員は、原則として争議行為等を行うことが禁止されているが、職員の経済的要求に基づくものに限っては行うことができる。

2　警察職員及び消防職員には、団結権は認められているが、団体交渉権及び団体行動権は認められていない。

3　職員は、使用者としての住民に対して同盟罷業、怠業その他の争議行為に参加した場合、懲戒処分に処せられるほか、刑罰に処せられる。

4　時間外勤務命令や宿日直命令に対して組織的にこれを拒否する行為は、職務命令違反には該当するが、争議行為には該当しない。

5　地方公営企業職員及び特定地方独立行政法人の職員には、団結権は認められているが、団体行動権は認められていない。

●解説

団結権、団体交渉権、団体行動権について、警察職員及び消防職員、一般行政職員及び教育公務員、地方公営企業の職員及び単純労務職員で、制限の取扱いが異なることに注意して整理しておくこと。

1 誤り。争議行為等を行うことは、目的、行為態様を問わず、いかなる場合であっても禁止されている(法37条1項)。

2 誤り。警察職員及び消防職員には、緊急重大性を帯びる職務の性質を鑑みて、労働基本権は全面的に禁止されており、団結権も認められない (法52条5項)。

3 誤り。争議行為を実行する行為には、法37条に違反したことにより懲戒処分の対象となるが、刑罰は科せられない。

4 誤り。職務命令を組織的に拒否することは、争議行為に該当する (最判平元.1.19)。

5 正しい。地公労法3条4号で同法の「職員」とされ、同法11条1項の規定により、争議行為は禁止されている。

正解 5

《問題81》——争議行為等の制限④

難易度★★★

地方公務員法上の争議行為等の制限に関する記述として、正しいものはどれか。

1　職員がビラの配布等の宣伝活動を行った場合、それが、勤務時間外に行われたとしても、地方公共団体の業務の正常な運営を阻害するものであったときには、争議行為に該当する。

2　争議行為等を行った職員であっても、地方公共団体に対し、法令等に基づいて保有する任命上又は雇用上の権利をもって対抗することができる。

3　職員団体は、争議行為等によって使用者としての住民に損害を与えた場合には、その損害を賠償する責任を負うが、職員はその責任を負うことはない。

4　地方公営企業は、職員及び組合の争議行為等に対して、作業所閉鎖をもって対抗することができる。

5　地方公共団体は、地方公営企業の職員が争議行為等を実行し、又は共謀した場合であっても、当該職員を解雇することはできない。

●解説

　地方公営企業の職員及び単純労務職員についても争議行為は禁止されている。また、全ての地方公共団体の職員について、争議行為が禁止されている。

1　正しい。行実昭28.9.24。

2　誤り。職員で争議行為等の禁止に違反する行為をしたものは、その行為の開始とともに、地方公共団体に対し、法令又は地方公共団体の規則若しくは規程に基づいて保有する任命上又は雇用上の権利をもって対抗することができなくなる（法37条2項）。

3　誤り。職員も賠償責任を負う。

4　誤り。肢の場合、地方公営企業等は、作業所閉鎖をしてはならない（地方公営企業等の労働関係に関する法律11条2項）。

5　誤り。地方公共団体及び特定地方独立行政法人は、同盟罷業、怠業その他の業務の正常な運営を阻害する行為を実行した者、これらの行為を共謀し、そそのかし、又はあおった職員を解雇することができる（地方公営企業等の労働関係に関する法律12条）。

正解　1

《問題82》──争議行為等の制限⑤

難易度　★

地方公務員法上の争議行為等の制限に関する記述として、正しいものはどれか。

1　何人も、同盟罷業、怠業その他の争議行為の遂行を共謀し、そそのかし、若しくはあおり、又はこれらの行為を企ててはならず、これに違反した者は、刑罰が科せられる。

2　業務の正常な運営の阻害を目的として、職員が一斉に年次有給休暇をとる一斉休暇闘争は、本来の年次休暇権の行使と認められるので、争議行為には該当しない。

3　職員及び職員団体が勤務条件の改善を目的として行う争議行為は、職員が持つ権利の正当な行使と認められるので、禁止されていない。

4　争議行為を行った職員は、その保有する任命上又は雇用上の権利をもって地方公共団体に対抗できなくなるので、任命権者は通常要求される法令上必要な手続を取らずに職員を処分することができる。

5　地方公務員法が禁止する争議行為等には、地方公共団体の機関の活動能率を低下させる行為は含まれない。

●解説

　争議行為等を行った職員の責任については、①行政責任、②民事責任、③刑事責任の３種類がある。それぞれにその内容と判例を確認しておくこと。

1　正しい。法37条１項、62条の２。

2　誤り。いわゆる一斉休暇闘争とは、労働者がその所属する事業場において、その業務の正常な運営の阻害を目的として、全員一斉に休暇届を提出して職場を放棄・離脱するものと解するときは、その実質は、年次休暇に名を借りた同盟罷業にほかならない（最判昭48.3.2）。

3　誤り。職員の争議行為は、全面的に禁止されている。

4　誤り。前段は正しい（法37条２項）。懲戒処分の手続は、法律に特別の定めがある場合を除く外、条例で定めなくてはならないとされており（法29条４項）、任命権者は法令上必要な手続を取ることが必要となる。

5　誤り。地方公共団体の機関の活動能率を低下させる怠業的行為も地方公務員法が禁止する争議行為等に該当する（法37条１項）。

正解　1

《問題83》───営利企業への従事等の制限①

難易度 ★

地方公務員法上の営利企業への従事等の制限に関する記述として、正しいものはどれか。

1 職員（パートタイムの会計年度任用職員など一部の非常勤職員を除く。以下同じ）は、無報酬であれば、任命権者の許可を受けることなく、営利を目的とする私企業の会社その他の団体の役員を兼ねることができる。

2 職員は、勤務時間外であっても、任命権者の許可を受けなければ、営利を目的とする私企業を営むことができない。

3 職員は、営利を目的とする私企業の会社その他の団体の役員を兼ねることはできないが、この団体には、財団法人、農業協同組合や消費生活協同組合も該当する。

4 職員は、離職後に離職直前の職務と密接な関係のある私企業の会社に従事するときには、離職直前の任命権者の許可を受けなければならない。

5 職員は、勤務時間内に営利企業等に従事することについては人事委員会の許可が必要であり、その許可を受けた場合には、職務専念義務も免除される。

　職員は、任命権者の許可を受けなければ、営利企業の役員を兼ねること、自ら営利企業を営むこと、又は報酬を得て事業若しくは事務に従事することのいずれも行うことができない。ただし、パートタイムの会計年度任用職員など一部の非常勤職員は、この制限の対象外となっている。

1　誤り。職員が営利を目的とする私企業を営むことを目的とする会社の役員を兼ねる場合には、無報酬であっても任命権者の許可を受ける必要がある（法38条１項）。

2　正しい。法38条１項。

3　誤り。財団法人、農業協同組合、消費生活協同組合など営利を目的としない団体は、たとえ収益事業を行っている場合であっても、「営利を目的とする私企業」には含まれない。

4　誤り。そのような制限はない。

5　誤り。許可を受ける必要があるのは、人事委員会からではなく任命権者からである（法38条１項）。また、従事する時間が勤務時間中であれば、職務専念義務の免除についての許可も受ける必要がある。

正解　2

《問題84》───営利企業への従事等の制限②

難易度 ★★

地方公務員法上の営利企業への従事等の制限に関する記述として、正しいものはどれか。

1 職員（パートタイムの会計年度任用職員など一部の非常勤職員を除く。以下同じ）は、自ら営利を目的とする私企業を営む場合であって、勤務時間外にのみ経営に従事することが可能な場合、任命権者の許可を受ける必要はないとされている。

2 職員は、営利を目的とする私企業を営むことを目的とする団体の役員になる場合、報酬の有無を問わず、任命権者の許可を受けなければならない。

3 職員は、任命権者の許可を受けないで営利を目的とする私企業に従事した場合には、報酬の有無を問わず、職員とその企業との契約は無効となる。

4 普通地方公共団体の議会の議員には、営利企業への従事等の制限の規定が適用されないため、当該普通地方公共団体に対し請負をする会社の役員となることが認められている。

5 職員の営利企業への従事等の制限は、職務の公平の確保のために規定されたものであるので、営利を目的とする私企業を営むことは、職員のみならずその家族も禁止されている。

●解説

　職員が報酬を得て事業又は事務に従事する場合、その事業又は事務がたとい営利を目的としないものであっても、任命権者の許可が必要である。なお、パートタイムの会計年度任用職員など一部の非常勤職員については、問題83の解説参照。

1　誤り。営利企業への従事等の制限の規定は、勤務時間内はもちろん、勤務時間外においても職員に適用される（行実昭26.12.12）ので、営利企業への従事等について任命権者の許可を得る必要がある。なお、従事する時間が勤務時間外の場合、職務専念義務免除の許可は不要である。

2　正しい。営利を目的とする私企業を営むことを目的とする会社その他の団体の役員となる場合には、無報酬であっても、任命権者の許可を受けなければならない（法38条1項）。

3　誤り。職員と企業との契約は、私法上の関係に基づくものであり、職員の営利企業への従事等の制限の規定によってその効果に影響を及ぼすことはない。

4　誤り。普通地方公共団体の議会の議員は、当該団体に対し請負をする者及びその支配人又は主として同一の行為をする法人の役員になることはできない（地方自治法92条の2）。

5　誤り。職員の家族が営利目的の私企業を営むことは禁止されていない。

正解　**2**

《問題85》————営利企業への従事等の制限③

難易度 ★★

　地方公務員法上の営利企業への従事等の制限に関する記述として、正しいものはどれか。

1　職員（パートタイムの会計年度任用職員など一部の非常勤職員を除く。以下同じ）が寺院の住職の職を兼ね、布施により事実上収入がある場合、その収入は一般的に報酬と考えられないので、営利企業への従事等に関する任命権者の許可を受ける必要はない。

2　職員は、刑事休職中に報酬を得て営利企業に従事する場合には、任命権者の許可を受ける必要はない。

3　職員は、営利を目的とする農業を自ら営む場合には、農業は営利を目的とする私企業ではないので、任命権者の許可を受ける必要はない。

4　職員は、講演料や原稿料などの謝礼金を得て講演や原稿作成を行う場合、営利企業への従事等について任命権者の許可を得なければならない。

5　職員は、営利を目的とする私企業を営むことを目的とする会社の役員になる場合であっても、勤務時間外、かつ、無報酬であれば、任命権者の許可を受ける必要はない。

●解説

　職員が報酬を得ないで事業又は事務に従事する場合、営利を目的とする事業であっても、任命権者の許可を得ないで従事することができるものもある。ケースごとの取扱いについては、行政実例などにより確認をしておくこと。なお、パートタイムの会計年度任用職員など一部の非常勤職員については、問題83の解説参照。

1　正しい。寺院の住職等を兼ねる職員の、葬儀、法要等を営む際の布施は、一般的には報酬とは考えられないので、任命権者の許可は要しない（行実昭26.6.20）。

2　誤り。刑事休職中の職員も営利企業に従事する場合には、許可が必要である（行実昭43.7.11）。

3　誤り。営利を目的とする限り、農業も含まれる（行実昭26.5.14）。

4　誤り。労働の対価ではない、講演料や原稿料などの謝金、実費弁償としての車代は報酬に該当しない（行実昭27.10.2）。

5　誤り。営利企業を営むことを目的とする会社その他の団体の役員の地位を兼ねる場合には、無報酬であっても任命権者の許可を受けなければならない（法38条1項）。

正解　1

《問題86》───営利企業への従事等の制限④

（難易度 ★★）

地方公務員法上の営利企業への従事等の制限に関する記述として、正しいものはどれか。

1　職員（パートタイムの会計年度任用職員など一部の非常勤職員を除く。以下同じ）は、報酬を得ていかなる事業又は事務にも従事することはできないが、この報酬とは給与、手当のほか、講演料、原稿料などの謝金も該当する。

2　人事委員会は、任命権者間で、職員に与える営利企業等の従事の許可の基準について不均衡が生じないように、許可の一般的な基準を規則で定めることができる。

3　任命権者は、勤務成績の評定を行うなどの権限を有するが、営利企業等に従事する許可を与える権限は人事委員会の専管事項となっている。

4　人事委員会の委員は、常勤・非常勤を問わず営利企業への従事等の制限の規定が準用されるが、人事委員会の委員長の許可を受けることにより、営利企業に従事することができる。

5　任命権者は、職員の営利企業等の従事に関する許可の基準を規則で定めることができるが、この場合、その内容について事前に人事委員会と協議をしなければならない。

●解説

　任命権者間の取扱いに不均衡が生じないようにするため、人事委員会は、人事委員会規則により、営利企業への従事等の制限に関する任命権者の許可の基準を定めることができる。なお、パートタイムの会計年度任用職員など一部の非常勤職員については、問題83の解説参照。

1　誤り。講演料、原稿料などの謝金は、「報酬」には該当しない。

2　正しい。法38条2項。

3　誤り。営利企業等の従事に関する許可を行うのは、人事委員会ではなく任命権者である（法38条1項）。

4　誤り。非常勤の人事委員会の委員及び公平委員会の委員には、営利企業等の従事制限の規定は準用されない（法9条の2第12項）。なお、営利企業への従事等に関する許可を行うのは、任命権者である（法38条1項）。

5　誤り。規則で、許可の一般基準を定めることができるとされているのは人事委員会である（法38条2項）。

正解　2

《問題87》——営利企業への従事等の制限⑤

難易度 ★★

地方公務員法上の営利企業への従事等の制限に関する記述として、正しいものはどれか。

1 　職員（パートタイムの会計年度任用職員など一部の非常勤職員を除く。以下同じ）が国家公務員の職を兼ねる場合は、職務の公正は損なわれないので、報酬の有無にかかわらず、任命権者の許可は必要としない。

2 　営利企業に従事しようとする職員は、従事する時間が勤務時間外であっても、任命権者から営利企業等の従事の許可と併せて、職務専念義務の免除の承認を受けなければならない。

3 　職員は、営利を目的としない森林組合、消費生活協同組合等の役員となる場合、報酬の有無にかかわらず、任命権者の許可は必要としない。

4 　職員は、休職中の場合、任命権者の許可を受けることなく、自ら営利を目的とする私企業を営むことができる。

5 　職員は、任命権者の許可を受けないで自ら営利を目的とする私企業を営んだ場合、懲戒処分の対象とはなるが、罰則の適用はされない。

●解説

　営利企業等の従事制限の規定に違反した場合、服務規程違反として懲戒処分の対象となるが、罰則の適用はない。なお、パートタイムの会計年度任用職員など一部の非常勤職員については、問題83の解説参照。

1　誤り。職員が国家公務員の職を兼ねる場合、職員はそれぞれの任命権者の許可を受ければ差し支えない。この際、給与の重複支給にならないように措置すべきである（行実昭27.10.10）。

2　誤り。営利企業に従事する時間が勤務時間外であれば、職務専念義務の免除は必要としない。

3　誤り。営利を目的としない森林組合、消費生活協同組合等の役員となる場合、報酬を得なければ任命権者の許可を受ける必要はないが、報酬を得れば許可を受ける必要がある（法38条1項）。

4　誤り。営利企業等の従事制限は職員の身分上の義務であるので、休職中の職員も営利企業に従事する場合には任命権者の許可を受ける必要がある。

5　正しい。懲戒処分の対象とはなるが、罰則の適用はない。

正解　5

《問題88》——退職管理①

（難易度★★★）

地方公務員法に定める退職管理に関する記述として、正しいものはどれか。

1　退職管理の適正の確保を図るため、公務員を退職後に営利企業等へ再就職した者に対して、離職前の職務に限らず、現職職員への働きかけ全般が禁止されている。

2　退職管理の規定における再就職者とは、職員であった者で離職後に営利企業等の地位に就いているものをいい、この職員には、条件付採用期間中の職員と非常勤職員も含まれる。

3　退職管理の規定における営利企業等とは、営利企業及び営利企業以外の法人をいうが、営利企業以外の法人には、国、国際機関、地方公共団体、独立行政法人通則法に規定する行政執行法人及び特定地方独立法人を含まない。

4　再就職者は、契約事務等であって離職前3年間の職務に属するものに関し、離職後3年間、現職職員に職務上の行為をするように、又はしないように要求し、又は依頼してはならない。

5　再就職者は、再就職先の営利企業と地方公共団体との契約であって、締結に当たり再就職者自らが在職中に決定したものに関し、離職した日の3年前の日より前のものについても、離職後3年間、現職職員に働きかけをしてはならない。

●解説

　地方公務員法が定める退職管理は、離職後に営利企業等に再就職した元職員（再就職者）に対して、離職前の職務に関して、現職職員への働きかけを禁止するものである。その趣旨は、再就職者が、現職の職員に対して在職時の職務に関連して有する影響力を行使することにより、職務の公正な執行及び公務に対する住民の信頼を損ねるおそれがあるためである。

【禁止行為の内容】

(1)原則：再就職先の営利企業等と在職していた地方公共団体との間の契約等事務であって離職前5年間の職務に属するものに関し、離職後2年間、職務上の行為をするように、又はしないように、現職職員に要求又は依頼をしてはならない（法38条の2第1項）。

(2)幹部職員であった場合：離職5年前より前の当該職の職務に属するものも含めて、離職後2年間、禁止（同条4項）。

(3)再就職者が在職中自ら決定した契約又は処分の場合：離職前後いずれについても期間の定めなく、禁止（同条5項）。

1　誤り。離職前の職務に関する働きかけの禁止である。

2　誤り。対象となる職員から、臨時的任用職員、条件付採用期間中の職員、非常勤職員の一部は除かれている（法38条の2第1項）。

3　正しい。法38条の2第1項。

4　誤り。離職前5年間の職務に属するものに関し離職後2年間である。

5　誤り。肢の場合、期間に制限はない。

正解　3

《問題89》―――退職管理②

難易度★★★

地方公務員法に定める退職管理に関する記述として、正しいものはどれか。

1　任命権者は、職員であった者に規制違反行為を行った疑いがあると思料するときは、遅滞なく、その旨を退職管理委員会の委員に報告しなければならない。

2　任命権者は、職員に規制違反行為を行った疑いがあると思料するときは、内密に調査を行って事実関係を確認した後で、人事委員会又は公平委員会に対し、当該行為について初めて通知することとされている。

3　人事委員会又は公平委員会は、規制違反行為の疑いがあると思料するときは、検察庁に対し調査を行うよう求めなければならない。

4　再就職した元職員のうち条例で定める者が条例で定める法人の役員に就こうとする場合又は就いた場合には、地方公務員法の規定に基づき、再就職情報の届出をしなければならない。

5　職員は、適用除外の場合を除き、再就職者から地方公務員法等で禁止される要求又は依頼を受けたときは、人事委員会又は公平委員会に届け出なければならない。

●解説

　地方公務員法は、退職管理の導入に際し、その違反行為を監視するための仕組みを併せて用意している。

(1)情報把握のための届出・報告
　①職員は、再就職者から禁止される働きかけを受けたときは、人事委員会又は公平委員会（以下「人事委員会等」）に届け出なければならない（法38条の2第7項）。
　②任命権者は、職員又は職員であった者に違反行為を行った疑いがあると思料するときは、人事委員会等に報告しなければならない（法38条の3）。

(2)任命権者の調査
　任命権者が違反行為を行った疑いがあると思料して当該規制違反行為に関し調査を行おうとするときは、人事委員会等にその旨を通知しなければならず（法38条の4第1項）、人事委員会等は任命権者の行う調査の経過について報告を求め、又は意見を述べることができる（同条2項）。

　また、人事委員会等は、任命権者に対し、違反行為に関する調査を行うよう、求めることができる（法38条の5）。

1　誤り。報告先は、人事委員会等である。
2　誤り。調査しようとするときの通知が義務。
3　誤り。任命権者に対し求める。
4　誤り。地方公共団体は、条例で定めるところにより、職員であった一定の者に、その再就職に関する事項を届出させることができる（法38条の6第2項）。
5　正しい。なお、例外は、法38条の2第6項に規定されている。また、この届出義務の違反は、懲戒処分の対象となり得る。

正解　5

《問題90》──公務災害補償①

難易度 ★★

地方公務員法上の公務災害補償に関する記述として、正しいものはどれか。

1 公務災害補償制度の適用範囲は、一般職及び特別職の職員とされており、常勤・非常勤を問わず全ての地方公務員が対象となっている。

2 公務災害補償は、常勤職員が公務によって負傷又は疾病にかかった場合に、その者が受けた損害を補償するものであり、その者の遺族が受けた損害は補償の対象とはならない。

3 公務上の災害と認定されるためには、その災害の発生について公務遂行性を有することが必要とされているが、公務起因性は必要とされてはいない。

4 公務上の災害又は通勤途上の災害の認定は、補償を受けようとする者からの請求を受けてから、地方公務員災害補償基金によって行われる。

5 公務災害補償制度は、公務災害の発生について、地方公共団体に過失があり、かつ、職員には過失がない場合にのみ適用される。

●解説

　「公務起因性」とは、その災害の発生が職務遂行と相当因果関係にあることをいい、「公務遂行性」とは、その災害の発生が、任命権者が管理し、支配している公務に従事しているときに発生したものであることをいう。

1　誤り。公務災害補償制度の適用範囲には、全ての常勤職員を含むが、非常勤職員については、労働者災害補償保険法、船員保険法などの特定の法律の適用を受けるものは含まない。

2　誤り。その者又はその者の遺族若しくは被扶養者が受けた損害が補償の対象となる（法45条1項）。

3　誤り。公務上の災害といえるためには、「公務起因性」と「公務遂行性」が必要である。

4　正しい。地方公務員災害補償基金は、補償を受けようとする者から補償の請求を受けたときは、その補償の請求の原因である災害が公務又は通勤により生じたものであるかどうかを速やかに認定し、その結果を、当該請求をした者及び当該災害を受けた職員の任命権者に通知しなければならない（地方公務員災害補償法45条）。

5　誤り。公務災害の発生については、任命権者等に過失があることは必要ない、いわゆる無過失責任主義が採られている。

正解　4

《問題91》———公務災害補償②

難易度 ★★

　地方公務員法上の公務災害補償に関する記述として、正しいものはどれか。

1　公務災害補償は、地方公共団体が職員に対して直接補償を行うことが定められており、地方公務員災害補償基金は任命権者の指揮の下で認定の手続を行う。

2　通勤による災害については、往復の経路を逸脱し、又は往復を中断した場合においては、その理由を問わず、公務災害補償の対象から除かれる。

3　職員が、公務運営上の必要により入居している宿舎において、その宿舎の管理上の不注意によって負った負傷は、公務災害ではなく、民法上の損害賠償の対象となる。

4　地方公務員災害補償法の対象となる職員は、常時勤務に服することを要する一般職の地方公務員に限定され、常時勤務に服することを要する特別職のそれは含まれない。

5　職員が公務上又は通勤途上に負傷し、療養のため勤務ができない場合で、給与を受けないときは、その勤務することができない期間についての公務災害補償が支給される。

●解説

　通勤による災害は、住居と勤務場所との間を、合理的な経路及び方法により往復する間に受けた災害をいう。日常生活上必要な一定の行為をやむを得ず行うために、通勤経路の最小限度の逸脱又は中断を行った場合に受けた災害（当該逸脱又は中断の間のものは除く）は、通勤による災害と認められる。

1　誤り。地方公務員災害補償の実施主体は、地方公務員災害補償基金である（地方公務員災害補償法3条）。

2　誤り。当該逸脱又は中断が、日常生活上必要な行為であって総務省令で定めるものをやむを得ない事由により行うための最小限度のものである場合は、通勤途上の災害として認定される（地方公務員災害補償法2条3項）。

3　誤り。公務上の負傷と認定される（平15.9.24基金理事長通知）。

4　誤り。地方公務員災害補償法の対象となる職員は、常時勤務に服することを要する地方公務員であり、特別職も含まれる（地方公務員災害補償法2条1項）。

5　正しい。肢は休業補償についての記述である（地方公務員災害補償法28条）。

正解　5

《問題92》————勤務条件に関する措置の要求①

難易度 ★★

地方公務員法に定める勤務条件に関する措置の要求に関する記述として、正しいものはどれか。

1 勤務条件に関する措置の要求の制度は、職員が一般の労働者に認められる争議権の制限を受けることの代償措置として設けられた制度であるため、地方公営企業の職員にもこの制度が適用される。

2 退職者は、退職手当に限って、勤務条件に関する措置の要求を行うことができる。

3 勤務条件に関する措置の要求については、職員個々が共同して要求すること及び職員団体が要求することの両者が認められている。

4 措置要求制度は、正式に任用された職員に労働基本権の代償措置として認められたものであり、条件付採用期間中の職員や臨時的任用職員は措置要求を行うことはできない。

5 措置要求に対する判定についての再審の手続はないが、審査手続が違法に行われたり、措置要求が違法に却下されたりした場合は、取消訴訟の対象となる。

●解説

　勤務条件に関する措置の要求は、給与、勤務時間その他の勤務条件に関し、人事委員会又は公平委員会に対して当局により適当な措置が執られるべきことを要求することができる制度であり、職員が労働基本権、特に団体交渉・団体協約の締結権の制限に対する代償措置のひとつと位置づけられている。

1　誤り。地方公営企業の職員は、団体交渉権・労働協約締結権を有し（地方公営企業等の労働関係に関する法律7条）、労務紛争について労働委員会による調停及び仲裁の制度が認められており（同法14条〜16条）、措置要求は行えない（地方公営企業法39条1項）。

2　誤り。退職者は、措置要求できない（行実昭27.7.3、昭29.11.19）。

3　誤り。個々の職員が共同して措置要求することはできる（共同措置要求）が、職員が他の職員の固有の勤務条件について措置要求することはできない。また、職員団体は、職員ではないので、措置要求することはできない（行実昭26.11.21）。
　なお、委任を受けた職員が民法上の代理行為として請求することはできる（行実昭32.3.1）。

4　誤り。不利益処分に関する不服申立てとは異なり、措置要求は条件付採用期間中の職員や臨時的任用職員も行うことができる。

5　正しい。措置要求をした職員は、勧告の内容に不服があっても、再審の手続はなく（行実昭33.12.18）、審査請求することもできない（不利益処分ではない）。もっとも、措置要求が違法に却下されたり、審査手続が違法に行われたりした場合には、取消訴訟の対象となる（最判昭36.3.28）。

正解　5

《問題93》────勤務条件に関する措置の要求②

難易度 ★★

　地方公務員法上の勤務条件に関する措置の要求に関する記述として、正しいものはどれか。

1　措置要求の対象となる事項は、給与や勤務時間その他勤務条件に関する事項全般にわたっており、人事評価制度や教職員の定数等も対象に含まれる。

2　措置要求の対象となる事項は、一般的に服務に関することは該当しないが、これが同時に、給与や勤務条件その他の勤務条件に関するものである場合には、該当する。

3　措置要求の対象となる事項は、給与、勤務時間その他の勤務条件に関する事項であるが、条例で定められている事項は勤務条件に関することであっても対象外となる。

4　措置要求の対象となる事項は、職員の給与や勤務時間その他勤務条件に関するものであり、予算の増額などの管理運営事項に属するものも対象に含まれる。

5　措置要求の対象となる事項は、職員の勤務条件全般にわたるものであり、これの改善を目指す職員団体からの交渉の申入れに当局が応ずるよう求めることも対象に含まれる。

●解説

　職員の定数の増減、予算の増減、行政機構の改革など、いわゆる管理運営事項は、それ自体は勤務条件ではないので、職員は、これらについて措置要求をすることはできない。

1　誤り。人事評価制度（勤務成績の評定制度に関し、行実昭33.5.8）、教職員の定数等（行実昭33.10.23）は勤務条件ではないと解されており、措置要求の対象とすることはできない。

2　正しい。「服務に関すること」は、一般的には「その他の勤務条件」には含まれないが、服務に関することが同時に「給与、勤務条件その他の勤務条件に関する」ものであれば対象になる（行実昭27.4.2）。

3　誤り。条例で定められている事項であっても勤務条件である以上は措置要求の対象となる（行実昭28.8.15）。

4　誤り。旅費や時間外勤務手当等の予算の増額は管理運営事項に属するため、措置要求の対象とはならない（行実昭34.9.9）。

5　誤り。当局が交渉に応ずるよう求めることは、措置要求の対象とはならない（行実昭43.6.21）。

正解　2

《問題94》──勤務条件に関する措置の要求③

(難易度 ★★)

　地方公務員法上の勤務条件に関する措置の要求に関する記述として、正しいものはどれか。

1　措置要求は、退職した職員は、現に職員としての地位を有しないので行うことができない。

2　措置要求の対象となる事項は、給与、勤務時間その他の勤務条件に関するものであるが、現行の勤務条件を変更しないという要求はすることができない。

3　措置要求は、職員団体が地方公共団体の当局に対して、職員の勤務条件に関し適当な措置を執るべきことを要求するものである。

4　措置要求の対象となる事項は、職員の勤務条件に関するものであるが、定期昇給が他の者に比較して遅れた場合には、不利益処分として不服申立てをするものとされている。

5　措置要求の対象となる事項は、職員の勤務条件に関するものであるが、時季変更権を行使した休暇の不承認処分については、職員は、措置要求を行うことができない。

●解説

　措置要求は職員に限り認められているので、職員団体や退
職者は措置要求を行うことはできない。退職者が退職手当に
ついて不服がある場合であっても措置要求を行うことはでき
ない。

1　正しい。退職者は法46条の規定による勤務条件に関す
　る措置の要求をすることはできない（行実昭27.7.3、昭
　29.11.19）。

2　誤り。現行の勤務条件の不変更を求める措置要求は行う
　ことができる（行実昭33.11.17）。

3　誤り。職員団体は職員ではないから措置の要求をするこ
　とはできない（行実昭26.11.21）。また、措置要求は、職
　員が人事委員会又は公平委員会に対して、職員の勤務条
　件に関し、地方公共団体の当局が適当な措置を執るべき
　ことを求めるものである（法46条）。

4　誤り。定期昇給が他の者に比較して遅れた場合は、「不
　利益処分」としてではなく勤務条件に関する措置要求と
　して処理すべきである（行実昭34.3.27）。

5　誤り。休暇の不承認処分に不服がある職員は、勤務条
　件に関する措置の要求をすることができる（行実昭
　35.10.14）。

正解　1

《問題95》———勤務条件に関する措置の要求④

難易度　★★

　地方公務員法上の勤務条件に関する措置の要求に関する記述として、正しいものはどれか。

1　措置要求に対する人事委員会の判定は法的拘束力を有しないので、この判定に不服のある者は、人事委員会に対して、再審の請求を行うことができる。

2　人事委員会は、措置要求に対する判定の結果に基づいて必要な勧告を行うが、その際、条例や規則の改正についても勧告を行うことができる。

3　措置要求に対する人事委員会の判定は法的拘束力を有しており、この判定に不服のある者は、この判定を不利益処分として審査請求を行うことができる。

4　人事委員会は、措置要求に対する判定の結果に基づいて必要な勧告を行うが、その際、要求者の要求事項から類推される勤務条件の改善に関する措置の勧告も行うことができる。

5　措置要求の判定結果に基づく人事委員会の勧告は法的拘束力を有しており、勧告を受けた機関は必要な措置を執ることが義務付けられる。

●解説

　人事委員会又は公平委員会が行う勧告は法的拘束力を有しないが、勧告を受けた機関は、これを尊重すべき道義的責任を有する。

1　誤り。前段は正しい。勤務条件に関する措置要求に対する人事委員会の判定について、再審の手続はあり得ない（行実昭33.12.18）。

2　正しい。条例や規則で定められた事項であっても、勤務条件である限り措置の要求となる（行実昭28.8.15）ので、人事委員会は判定の結果に基づいて条例や規則の改正についても勧告を行うことができるものと解される。

3　誤り。判定及び勧告は法的拘束力を有せず、また、不利益処分としての審査請求を行うこともできない。

4　誤り。措置要求の判定及び勧告は、要求者の要求事項のみについて行われるものである（行実昭28.12.10）ので、要求事項以外についての勧告は行うことができない。

5　誤り。判定及び勧告は法的拘束力を有しないが、可能な限り尊重すべき道義的責任を負う。

正解　2

《問題96》── 勤務条件に関する措置の要求⑤

難易度★★★

地方公務員法上の勤務条件に関する措置の要求に関する記述として、正しいものはどれか。

1　人事委員会は、措置要求があったときは、口頭審理その他の方法による審査を行うが、職員から請求があったときは、口頭審理を公開して行わなければならない。

2　人事委員会が措置要求に関する判定を下した事案について、同一職員が同一事項について改めて措置の要求をすることはできない。

3　人事委員会の勧告の手続は規則で定められており、職員は、人事委員会が先に下した判定の趣旨を直ちに実現するよう当局に勧告することを求める措置要求は行えない。

4　人事委員会は、審査を行う際に必要があれば証人喚問や書類の提出を求めることができるとされており、職員がこれに応じない場合、罰則の適用がある。

5　措置要求に対する人事委員会が行った判定が違法に却下又は棄却された場合、当該判定は取消訴訟の対象となる。

●解説

　人事委員会又は公平委員会は、措置要求があったときは、事案について口頭審理その他の方法による審理を行い、事案を判定する。審理は口頭審理を行う必要はなく、また証人の喚問や書類の提出に応じなくても罰則の適用はない。

1　誤り。不利益処分の審査請求を審査する際、処分を受けた職員から請求があったときは、口頭審理を公開して行うことが定められている（法50条）が、措置要求の審査にはこのような定めはない（法47条、48条参照）。

2　誤り。人事委員会が既に判定を下した事案とその要求の趣旨及び内容が同一と判断される事項を対象として同一人から再び措置の要求が提起された場合でも、一時不再理の原理を適用することはできない（行実昭34.3.5）とされており、改めて措置の要求をすることができる。

3　誤り。人事委員会が先に下した判定の趣旨を直ちに実現するよう当局に勧告することを求める措置要求はなし得るものと解する（行実昭35.2.22）。

4　誤り。前段は正しい（法8条6項）。措置要求について証人喚問や書類提出に応じない者に対する罰則の定めはない。

5　正しい。措置要求の申立てに対する人事委員会の判定は、取消訴訟の対象となる行政処分にあたる（最判昭36.3.28）。

正解　5

《問題97》————不利益処分に関する審査請求①

難易度 ★★

地方公務員法上の不利益処分に関する審査請求に関する記述として、正しいものはどれか。

1 不利益処分に関する審査請求は、その意に反して不利益な処分を受けた職員のみならず、当該事項について利害関係にある職員であれば誰でも行うことができる。

2 職員は、給与、勤務時間その他の勤務条件に関し不利益処分を受けた場合には、労働基準監督署に対して審査請求を行うことができる。

3 職員は、懲戒その他その意に反して不利益処分を受けた場合には、労働委員会に対して審査請求を行うことができる。

4 職員は、給与、勤務時間その他の勤務条件に関し不利益処分を受けた場合には、任命権者に対して審査請求を行うことができる。

5 不利益処分を受けた職員は、人事委員会又は公平委員会に対してのみ審査請求を行うことができ、その場合、その裁決を経た後でなければ処分の取消しの訴えを提起することができない。

●解説

　不利益処分に関する審査請求を行うことができる職員には、退職者は含まれるが、地方公営企業職員、単純労務職員、条件附採用職員、臨時的任用職員は含まれない。

1　誤り。審査請求は、不利益処分を受けた職員のみが行うことができる（法49条の2第1項）。

2　誤り。不利益処分に関する審査請求とは、任命権者から懲戒その他その意に反すると認められる不利益な処分を受けた職員が、人事委員会又は公平委員会に対して行うものである（法49条の2第1項）。

3　誤り。2の解説のとおり。

4　誤り。2の解説のとおり。

5　正しい。人事委員会又は公平委員会に対してのみ審査請求をすることができる（法49条の2第1項）。また、不利益処分の取消しの訴えの提起については、審査請求前置主義が採られている（法51条の2）。

正解　5

《問題98》――――不利益処分に関する審査請求②

難易度 ★★

　地方公務員法上の不利益処分に関する審査請求に関する記述として、正しいものはどれか。

1　地方公営企業の職員、単純労務職員も、人事委員会に対して不利益処分に関する審査請求を行うことができる。

2　地方公営企業の職員が受けた不当労働行為が同時に不利益処分に該当する場合には、当該職員は当該処分についての審査請求を行うことができる。

3　不利益処分に関する審査請求は、代理人による申立ても認められる。

4　職員は、その意に反する免職処分を受けた場合であっても、現に職員でないことから、当該処分に関する審査請求を行うことができない。

5　職員が行った勤務条件に関する措置要求について、任命権者が人事委員会の勧告を履行しなかった場合、当該職員は、これを意に反する不利益処分とみなし審査請求をすることができる。

●解説

　既に退職した者は、退職前の不利益処分について審査請求をすることはできないが、免職処分を受けた者がその処分について審査請求をすることはできる。

1　誤り。地方公営企業の職員及び単純労務職員は、人事委員会の管轄外にあるので、不利益処分に関する審査請求の制度は適用されない（地方公営企業法39条3項、地方公営企業等の労働関係に関する法律附則5項）。

2　誤り。1の解説のとおり。

3　正しい。代理人による審査請求はできる（行実昭28.6.29）。

4　誤り。職員には、本制度の性質上当然に退職処分に関する限り、退職者も含まれる（行実昭26.11.27）。

5　誤り。勤務条件に関する措置要求に対する人事委員会又は公平委員会の判定及びこれに基づく勧告は法的拘束力を有しておらず、当該勧告の不履行は、不利益処分に該当し得ない。したがって審査請求の対象とはならない。

正解　3

《問題99》────不利益処分に関する審査請求③

難易度 ★★

地方公務員法上の不利益処分に関する審査請求に関する記述として、正しいものはどれか。

1 懲戒その他その意に反する不利益処分を受けた職員が、行政不服審査法による審査請求をすることができるのは、人事委員会又は公平委員会に対してのみである。

2 不利益処分に関する審査請求による審理を請求した職員が審査中に退職した場合、人事委員会は、当該請求にかかる審査を打ち切ることができる。

3 任命権者その他地方公共団体の機関は、人事委員会の判定に不服がある場合は裁判所に出訴することができる。

4 人事委員会又は公平委員会は、審査請求の審理に当たって処分を受けた職員から口頭審理の請求があった場合でも、職権により、書面審査のみにより審査を行うことができる。

5 不利益処分に対する審査請求の制度に基づく審査請求を故意に妨げた者には、罰則が適用される。

●解説

　人事委員会又は公平委員会が行う事案の審理方法は、原則として書面審理又は口頭審理のいずれによることもできるが、処分を受けた職員から請求があったときは、口頭審理を行わなければならない。

1　正しい。法49条の2第1項。

2　誤り。懲戒処分の取消しなど、その退職によって請求の利益が失われることがないものについて、人事委員会は、当該請求に係る審査を行わなければならない（行実昭37.2.6）。

3　誤り。人事委員会の判定につき人事委員会その他地方公共団体の機関側からは、不服があっても出訴できない（行実昭27.1.9）。

4　誤り。人事委員会又は公平委員会は、処分を受けた職員から請求があったときには口頭審理を行わなければならない（法50条1項）。

5　誤り。審査請求を故意に妨げた者に対する罰則規定はない。なお、勤務条件に関する措置の要求の申出を故意に妨げた者に対しては、罰則の適用がある（法61条5号）。

正解　1

《問題100》───不利益処分に関する審査請求④

難易度★★★

地方公務員法上の不利益処分に関する審査請求に関する記述として、正しいものはどれか。

1 不利益処分に対する審査請求は、処分があった日の翌日から起算して3箇月を経過したときは行うことができない。

2 人事委員会又は公平委員会は、必要があると認めるときは、審査請求に対する審査に関する事務の全てを委員又は事務局長に委任することができる。

3 人事委員会又は公平委員会は、処分の修正の判定をした場合、当該処分の取扱いに関して、別途、任命権者に対して修正の勧告を行わなければならない。

4 人事委員会又は公平委員会は、審査請求の審査の結果に基づき当該処分を修正する場合、分限処分を懲戒処分に改めることも可能である。

5 勤勉手当の減額又は給与の減額は、懲戒その他その意に反する不利益な処分には該当しないので、職員は、審査請求を行うことはできない。

●解説

　人事委員会又は公平委員会が執るべき措置、効果については、条文及び関連する行政実例の内容も確認しておくこと。

1　誤り。不利益処分に対する審査請求は、処分があったことを知った日の翌日から起算して3箇月以内にしなければならず、処分があった日の翌日から起算して1年を経過したときは、することができない（法49条の3）。

2　誤り。人事委員会又は公平委員会は、必要があると認めるときは、当該審査請求に対する裁決を除き、審査に関する一部の事務を委員又は事務局長に委任することができる（法50条2項）。したがって、全ての事務を委任することができるわけではない。

3　誤り。人事委員会又は公平委員会が処分の修正の判定を行った場合、当該判定は形成的効力を有する（行実昭27.9.20）ので、別途、任命権者に対して修正の勧告を行う必要はない。

4　誤り。審査の結果、分限免職が不当であると判断された場合、懲戒処分による減給又は停職に修正することはできないものと解する（行実昭27.11.11）。

5　正しい。勤勉手当の減額は、懲戒その他その意に反すると認める不利益な処分には当たらないと解されるので却下すべきである（行実昭38.10.24）。なお、肢のような場合、勤務条件に関する措置の要求の対象とはなる。

正解　5

《問題101》———不利益処分に関する審査請求⑤

難易度 ★★

地方公務員法上の不利益処分に関する審査請求に関する記述として、正しいものはどれか。

1 不利益処分に関する審査請求は、勤務条件に関する措置の要求と同様に、条件附採用期間中の職員や臨時的任用の職員であっても行うことができる。

2 不利益処分に関する審査請求は、勤務条件に関する措置の要求とは異なり、代理人に委任することができない。

3 不利益処分に関する審査請求は、勤務条件に関する措置要求と同様に、審査事務の一部を人事委員会又は公平委員会の委員又は事務局長に委任することができる。

4 不利益処分に関する審査請求に係る人事委員会の判定は拘束力を持つが、勤務条件に関する措置の要求に係る人事委員会の判定及び勧告は拘束力を持たない。

5 不利益処分に関する審査請求を行うことができる者は現に職員である者に限られるが、勤務条件に関する措置の要求の場合には退職した職員など現に職員でない者も含まれる。

●解説

　勤務条件に関する措置の要求の制度と不利益処分に関する
審査請求の制度との違いをよく整理しておくこと。

1　誤り。条件附採用期間中の職員及び臨時的任用の職員は、
　勤務条件に関する措置の要求に関する規定は適用される
　が、不利益処分に関する審査請求の規定は適用されない
　（法29条の2第1項）。

2　誤り。どちらも代理人に委任することができる（審査請
　求：行実昭28.6.29、措置要求：行実昭32.3.1）。

3　誤り。不利益処分の審査請求に関する事務の一部を人事
　委員会又は公平委員会の委員又は事務局長に委任するこ
　とはできる（法50条2項）が、勤務条件の措置の要求は
　委任することができない。

4　正しい。不利益処分の審査請求に係る判定は形成的効力
　を有する（行実昭27.9.20）が、勤務条件に関する措置に
　関する要求に係る判定及び勧告は法的拘束力を有しない。

5　誤り。不利益処分の審査請求は不利益処分の取消し又
　は修正を行うことによる実益がある場合、現に職員で
　ない者も行うことができる（行実昭37.2.6）が、勤務条
　件に関する措置の要求を行うことができる者は、現に
　職員たる地位を有する者に限られる（行実昭27.7.3、昭
　29.11.19）。

正解　4

《問題102》────職員団体①

難易度　★

地方公務員法上の職員団体に関する記述として、正しいものはどれか。

1　条件付採用期間中の職員は、身分保障に関する規定が適用されず、職員団体又は労働組合を結成し又はこれに加入することはできない。

2　臨時的任用職員は、正式任用された職員とは勤務条件が異なるため、職員団体を結成し、又はこれに加入することはできない。

3　職員は、所属職場に職員団体が組織されている場合には必ずこれに加入しなければならず、加入しない場合はその旨を職員団体に届け出て、職員団体の承認を得なければならない。

4　管理職員等は、管理職員等以外の職員とともに同一の職員団体を組織することができるが、管理職員等だけの職員団体を組織することはできない。

5　警察職員及び消防職員は、勤務条件の維持改善を図ること及び地方公共団体の当局と交渉することを目的とした職員団体を結成し、又はこれに加入することができない。

●解説

　職員団体を結成することができる「職員」には、一般行政職員、教育公務員、単純労務職員が該当する。地方公営企業の職員は、地方公務員法52条の適用がないので、「職員」には該当しない。

1　誤り。条件付採用期間中の職員も法52条 2 項に規定する職員であるので、職員団体を結成し、若しくは結成せず、又はこれに加入し、若しくは加入しないことができる(同条 3 項)。

2　誤り。職員団体を構成することができる「職員」とは、警察職員及び消防職員を除く職員をいう(法52条 2 項・5 項)。したがって、臨時的任用職員も職員団体を結成し、又はこれに加入することができる。

3　誤り。法は、職員は、職員団体を結成し、若しくは結成せず、又はこれに加入し、若しくは加入しないことができる(法52条 3 項)と定め、いわゆる「オープン・ショップ制」を採っている。

4　誤り。管理職員等とそれ以外の職員とは、同一の職員団体を構成できず、管理職員等とそれ以外の職員とが組織する団体は、法にいう「職員団体」ではない(法52条 3 項ただし書)。

5　正しい。警察職員及び消防職員は、職員の勤務条件の維持改善を図ることを目的とし、かつ、地方公共団体の当局と交渉する団体を結成し、又はこれに加入してはならない(法52条 5 項)。

正解　5

《問題103》──────職員団体②

難易度 ★★

地方公務員法上の職員団体に関する記述として、正しいものはどれか。

1 　職員団体は、勤務条件の維持改善を図ることを目的として組織され、文化祭・運動会といった文化的・社会的活動の実施などの従たる目的を併せ持つことはできない。

2 　職員団体は、一の職員団体又は同一の地方公共団体の職員団体が複数集まった連合体をいい、異なる地方公共団体の職員団体が集まったものはこれに該当しない。

3 　職員団体に加入していない職員は、給与、勤務時間その他の勤務条件に関し、不満を表明し、又は当局に意見を申し出る自由が制限される。

4 　単純労務職員は、労働組合を結成することができるほか、地方公務員法に基づく職員団体を結成することもできる。

5 　職員団体は、勤務条件の維持改善を図ることを目的として組織された団体又はその連合体をいい、職員団体と民間企業の労働組合の連合もこれに該当する。

●解説

　地方公務員法は、労働組合の加入形式として「オープン・ショップ制」を採用しており、職員は、職員団体を結成し、又は結成せず、加入し、又は加入しないことが可能である。

1　誤り。職員団体は、勤務条件の維持改善を図ることを主たる目的としていれば、従たる目的を併せ持つことができる。
　　なお、職員団体たる団体が「交渉」以外の目的を併有すること及び「交渉」目的のための行為以外の行為をすることは、地方公務員法の関知するところではない（行実昭26.3.13）ので、政治的目的を従たる目的とすることも法上は可能である。

2　誤り。同一の地方公共団体の職員団体の集まりであっても、異なる地方公共団体の職員団体の集まりであっても連合体に該当する。

3　誤り。職員は、職員団体に属していないという理由で、職員の勤務条件に関し、不満を表明し、又は意見を申し出る自由を否定されてはならない（法55条11項）。

4　正しい。地方公営企業等の労働関係に関する法律附則5項、地方公営企業法39条、法52条。

5　誤り。職員団体と職員団体以外の団体との連合組織は、法52条1項の連合体ではない（行実昭33.7.10）。

正解　4

《問題104》————職員団体③

難易度 ★★

　地方公務員法上の職員団体に関する記述として、正しいものはどれか。

1　地方公営企業の職員及び単純労務職員は、職員団体を結成し、又はこれに加入することはできない。

2　地方公共団体の管理職員等の範囲は、任命権者が定める。

3　人事委員会又は公平委員会の登録を受けない職員団体は、職員の勤務条件の維持改善のために地方公共団体の当局と交渉する権能を有しない。

4　職員団体を結成し、地方公共団体の当局と交渉するためには、各都道府県の労働委員会の承認を受け、法人格を取得することが必要である。

5　職員団体は、職員の勤務条件の維持改善を図ることを主たる目的としているが、この目的以外に副次的に政治的目的を持つこともできる。

●解説

　「職員団体」とは、職員の勤務条件の維持改善を図ること
を目的として組織されるが、この目的以外に、副次的に、社
会的目的や文化的目的を持つことができる。政治的目的を持
つこともできると解されているが、職員が、職員団体の活動
の一環として政治的目的を有する行為を行う場合には、政治
的行為の制限は受ける。

1　誤り。地方公営企業の職員は、労働組合を結成すること
　　はできるが、地方公務員法に定める「職員」に該当しな
　　いので、職員団体を結成することはできない。単純労務
　　職員は、職員団体又は労働組合のどちらかを結成し、又
　　は加入することができる。

2　誤り。管理職員等の範囲は、人事委員会規則又は公平委
　　員会規則で定める（法52条4項）。

3　誤り。人事委員会又は公平委員会の登録を受けていない
　　職員団体であっても、地方公共団体の当局と交渉を行う
　　ことができる（法55条2項～10項）。

4　誤り。職員団体を結成し、当局と交渉するために、労働
　　委員会の承認を得、法人格を取得することは要しない。

5　正しい。職員団体たる団体が「交渉」以外の目的を併有
　　すること及び「交渉」目的のための行為以外の行為をす
　　ることは、地方公務員法の関知するところではない（行
　　実昭26.3.13）。

正解　5

《問題105》──職員団体の登録

難易度 ★★

地方公務員法上の職員団体の登録に関する記述として、正しいものはどれか。

1　地方公共団体の当局は、登録を受けた職員団体から、適法な交渉の申入れがあった場合、その申入れに応ずべき地位に立つ。

2　職員団体の登録は、条例で定めるところにより、理事その他の役員の氏名及び条例で定める事項を記載した申請書に規約を添えて、労働委員会に申請する。

3　登録を受けた職員団体は、その登録自体の効果として法人格を取得するとともに、勤務条件に関する措置の要求の当事者になることができる。

4　任命権者は、登録を受けた職員団体以外の職員に対しても、当該職員団体の役員として専ら従事することについて許可を与えることができる。

5　登録を受けた職員団体が、登録の要件のいずれかに適合しない事実が判明した場合には、自動的に登録は失われることとなる。

● 解説

　登録を受けた職員団体は、地方公共団体の当局に対し交渉応諾義務を課すことができ（法55条1項）、在籍専従の許可を得ることができ（法55条の2第1項）、法人格を取得することができる（職員団体等に対する法人格の付与に関する法律3条）。

1　正しい。法55条1項。

2　誤り。登録申請を行う相手方は、労働委員会ではなく人事委員会又は公平委員会である（法53条1項）。

3　誤り。法人格の取得は、登録を受けた上で、その登録に係る人事委員会等に申出が必要であり、また、登録を受けたからと言って勤務条件に関する措置要求を行うことができるようになるわけではない（職員団体等に対する法人格の付与に関する法律、行実昭26.10.9）。

4　誤り。任命権者の許可を受けて職員団体の業務に専ら従事することができるのは、登録を受けた職員団体の職員だけである（法55条の2第1項ただし書）。

5　誤り。登録の要件のいずれかに適合しない事実が発生した場合であっても、自動的に登録の効力が失われることはなく、人事委員会又は公平委員会が条例で定めるところにより、60日を超えない範囲で当該職員団体の登録の効力を停止し、又は登録を取り消すことができる（法53条6項）。

正解　1

《問題106》————交渉

難易度　★★

　地方公務員法上の交渉に関する記述として、正しいものはどれか。

1　職員団体と地方公共団体の当局との交渉の結果、合意に達したときは、書面による協定を結ばなければならず、特に身分に関連する事項は団体協約を結ぶこととされている。

2　地方公共団体の事務の管理及び運営に関する事項については、交渉の対象とすることができない。

3　職員団体と地方公共団体の当局との交渉においては、職員団体は、いかなる場合であっても、その役員以外の者を交渉当事者として指名することはできない。

4　職員団体と地方公共団体の当局は、交渉を行うに当たっては、あらかじめ時間及び場所について取り決める必要があるが、議題については事前に取り決めなくてもよい。

5　職員団体は、その地方公共団体の当局と、適法な交渉であっても勤務時間内には交渉をすることはできない。

●解説

　職員団体と地方公共団体の当局との間の交渉事項は、「職員の給与、勤務時間その他の勤務条件に関し、及びこれに附帯して、社会的又は厚生的活動を含む適法な活動に係る事項」である。

1　誤り。書面による協定を結ぶことは義務ではない（法55条9項）。また、職員団体と地方公共団体の当局との交渉は、団体協約を締結する権利を含まないものとする（同条2項）。

2　正しい。法55条3項。

3　誤り。職員団体は、特別の事情があるときは、役員以外の者を交渉当事者として指名することができる（法55条6項）。

4　誤り。交渉に当たっては、職員団体と地方公共団体の当局との間において、議題、時間、場所その他必要な事項をあらかじめ取り決めて行うものとされており（法55条5項）、議題についても事前に取り決めておかなくてはならない。

5　誤り。法55条に規定する適法な交渉は、勤務時間中においても行うことができる（同条8項）。

正解　2

《問題107》———在籍専従

難易度 ★★

　地方公務員法上の在籍専従に関する記述として、正しいものはどれか。

1　任命権者は、登録を受けていない職員団体からであっても、その職員から申請があれば、在籍専従の許可を与えなければならない。

2　在籍専従の許可を受けた職員は、この期間中は、任命権者からいかなる給与も支給されず、また、その期間は、退職手当の算定基礎となる勤続期間に算入されない。

3　在籍専従の許可を受けた職員は、職員としての在職期間を通じて10年を超えない範囲内であれば、任命権者に対して、在籍専従の許可の更新を求めることができる。

4　在籍専従の許可を受けた職員は、この期間中は休職者とされるため、刑事事件で起訴された場合でも、任命権者は、分限処分としての休職処分を行うことができない。

5　在籍専従の許可を受けた職員以外の職員が、給与を受けながら職員団体のために活動することは、いかなる場合であってもできない。

●解説

在籍専従とは、職員が職員の身分を有しながら、専ら登録職員団体の業務に役員として従事することをいい、その期間は、職務専念義務が免除され、休職者として取り扱われる。

1 誤り。在籍専従の許可は、登録を受けた職員団体の役員として専ら従事する場合にのみ与えられる（法55条の2第1項ただし書）。

2 正しい。法55条の2第5項。

3 誤り。在籍専従の期間は、職員としての在職期間を通じて7年以下の範囲内で、人事委員会規則又は公平委員会規則で定める期間を超えることができない（法55条3項、附則20項）。

4 誤り。前段は正しい（法55条の2第5項）。職員団体のための専従休職者が刑事事件に関し起訴された場合、休職処分を行うことができる（行実昭38.9.20）。

5 誤り。職員は、条例に定めがあれば、給与を受けながら、職員団体のためその業務を行い、又は活動することができる（法55条の2第6項）。

正解　2

《問題108》———罰則

難易度 ★★

**地方公務員法上の罰則に関する記述として、正しいものは
どれか。**

1 職員の任用は、受験成績、人事評価その他の能力の実証
　 に基づいて行わなければならず、これに違反して任用し
　 た者に対しては、罰則が適用される。

2 職員が、信用失墜行為の禁止に違反したときは、原則と
　 して罰則が適用されることとなるが、当該行為が職務に
　 関連しない場合には罰則は適用されない。

3 職員が、秘密を守る義務に違反して秘密を漏らしたとき
　 は、罰則が適用されることとなるが、退職した職員にあっ
　 ては違反して秘密を漏らしても罰則は適用されない。

4 職員が争議行為に参加した場合、罰則が適用されるが、
　 争議行為を企てただけにとどまり、実行に移さなかった
　 場合には罰則は適用されない。

5 職員が、勤務時間内に任命権者から許可を得て営利企業
　 等に従事する場合にあって、別途、職務専念義務の免除
　 の承認を受けなかった場合には罰則が適用される。

●解説

　地方公務員法では、職員の行為について罰則に該当する行為を限定列挙しており、これに記載のない行為は罰則の対象とはならない。

1　正しい。法61条2号。

2　誤り。信用失墜行為の禁止に違反する行為は、懲戒処分の対象となるが、罰則の適用はない。

3　誤り。法60条2号。職務上知り得た秘密は、退職後も漏らしてはならない（法34条1項）。

4　誤り。争議行為を実行した者には罰則の適用はない。争議行為の遂行を共謀し、そそのかし、若しくはあおり、又はこれらの行為を企てた者には罰則の適用がある（法62条の2）。

5　誤り。職務専念義務の免除の承認を受けなかった場合、懲戒処分の対象となるが、罰則の適用はない。

正解　1

地方公務員法よく出る問題108問　第7次改訂版　© 2024、公法問題研究会

2010年（平成22年） 9月17日	初版第1刷発行
2012年（平成24年）10月29日	第1次改訂版第1刷発行
2014年（平成26年） 9月26日	第2次改訂版第1刷発行
2016年（平成28年） 6月23日	第3次改訂版第1刷発行
2018年（平成30年） 4月27日	第4次改訂版第1刷発行
2019年（令和元年） 9月26日	第4次改訂版第2刷発行
2020年（令和2年） 4月24日	第5次改訂版第1刷発行
2021年（令和3年） 5月19日	第5次改訂版第2刷発行
2022年（令和4年） 3月30日	第6次改訂版第1刷発行
2024年（令和6年） 4月17日	第7次改訂版第1刷発行

定価はカバーに表示してあります。

編　　者　　公法問題研究会
発 行 者　　大　田　昭　一
発 行 所　　公　　職　　研
〒101-0051
東京都千代田区神田神保町2丁目20番地
TEL03-3230-3701（代表）
　　03-3230-3703（編集）
FAX03-3230-1170
振替東京　6-154568
https://www.koshokuken.co.jp/

ISBN978-4-87526-446-0 C3031

落丁・乱丁は取り替え致します。　PRINTED IN JAPAN　　印刷　日本ハイコム㈱

ISO14001取得工場で印刷しました。